Lektürehilfen
Max Frisch
„Stiller"

von Eberhard Hermes

Ernst Klett Verlag für Wissen und Bildung
Stuttgart · Dresden

Die Seitenangaben zum Text des Romans beziehen sich auf folgende Ausgabe:
Max Frisch, Stiller
suhrkamp taschenbuch 2180, Frankfurt am Main 1992.

Gedruckt auf Papier,
welches aus Altpapier hergestellt wurde.

Die Deutsche Bibliothek – CIP-Einheitsaufnahme

Hermes, Eberhard:
Lektürehilfen Max Frisch „Stiller" /
von Eberhard Hermes. – 1. Aufl. –
Stuttgart; Dresden: Klett, Verlag für Wissen und Bildung, 1994
ISBN 3-12-922349-5

1. Auflage 1994
Alle Rechte vorbehalten
Fotomechanische Wiedergabe nur mit Genehmigung des Verlages
© Ernst Klett Verlag für Wissen und Bildung GmbH, Stuttgart 1994
Satz: W. Röck, Weinsberg
Druck: Druckerei zu Altenburg, Altenburg. Printed in Germany.
Einbandgestaltung: Hitz und Mahn, Stuttgart
ISBN 3-12-922349-5

Inhalt

Zu diesem Buch

Als 1954 der Roman ‚Stiller' erschien, hatte Max Frisch (1911–1991) vor allem als Theaterautor einen Namen. Den Roman hatte er während eines Aufenthalts in den USA und Mexiko 1951/52 unter dem Arbeitstitel ‚Was macht ihr mit der Liebe' begonnen und nach seiner Rückkehr rasch vollendet. Er erreichte in kurzer Zeit als erstes Buch des Suhrkamp-Verlages eine Millionenauflage. Das Verhältnis kehrte sich um: die Dramen hatten Frisch bekannt gemacht, der Roman machte ihn berühmt. In der Schule stand ‚Stiller' lange Zeit im Schatten des 1957 erschienenen ‚Homo faber', der wesentlich kürzer ist (195 zu 429 Seiten). Auch galt ‚Stiller' wegen seiner thematischen Reichhaltigkeit und seiner vielschichtigen Komposition als ‚schwierig'. Heute, vierzig Jahre nach seinem Erscheinen, ist der Stiller-Roman weithin als episches Hauptwerk von Max Frisch anerkannt, weil in ihm ein „Kompendium des modernen Lebens überhaupt" gelungen sei. Deshalb hat der Roman nun einen festen Platz im Literaturunterricht der Sekundarstufe II erhalten.

Als Ansatzpunkt für ‚Lektürehilfen' zu dem Roman ‚Stiller' muß der Umstand gewählt werden, daß dem <u>Leser</u> hier eine besonders aktive Rolle zugemutet wird. Die <u>Handlung</u> ist in viele Textabschnitte unterschiedlichen Umfangs und verschiedener Gattung aufgelöst, die <u>Figuren</u> erscheinen in mehreren Perspektiven, die sich zumeist noch so überschneiden, daß keine Eindeutigkeit entsteht, die <u>Thematik</u> ist auf erzählende Partien und Parabelgeschichten verteilt. Zudem wird ständig zwischen unterschiedlichen <u>Zeitebenen</u>, vergangener und gegenwärtiger Handlung, gewechselt. Der Leser hat nun die Aufgabe, aus den vielen Mosaiksteinen, die ihm angeboten werden, das Ganze des Romans zusammenzusetzen. Um ihm dabei zu helfen, ist zunächst einmal das Kapitel ‚Inhalt und Aufbau' so detailliert ausgeführt, daß z. B. die 123 Textabschnitte, aus denen der erste Romanteil besteht (‚Stillers Aufzeichnungen im Gefängnis': S. 9–383), vollständig aufgelistet werden. Auf diese Weise kann der Benutzer jede Textstelle, von der in den folgenden Kapiteln die Rede ist, in der Inhaltsübersicht wiederfinden. Er behält so stets die Orientierung in der Gesamtkomposition. Um das Prinzip der Romankomposition zu veranschaulichen, folgt dem Kapitel ‚Inhalt und Aufbau' zunächst eine Erläuterung der ‚Erzähl- und Zeitstruktur', die der Einübung in die vom Roman verlangte Leserrolle dient. Daher wird die ‚Thematik' erst an dritter Stelle abgehandelt. Denn ihre Erfassung setzt voraus, daß der Leser seine Rolle akzeptiert hat und ausübt. Damit sich mit der Darstellung der Thematik vom Romantext her nicht zur Unzeit theoreti-

sche Überlegungen vermischen, wie sie z. B. zur Identitätsproblematik von Psychologie und Soziologie angeboten werden, gibt es ein besonderes Kapitel über ‚Theoretische Bezüge der Thematik‘. In ihm
wird auch die Frage nach der Bedeutung des Mottos aus Kierkegaards Buch ‚Entweder-Oder‘ erörtert, das der Ich-Erzähler über seine ‚Aufzeichnungen‘ gesetzt hat und das der Ich-Erzähler des ‚Nachworts‘ wieder aufnimmt. Die Fülle der literarischen Anspielungen
des Romans, die kaum mehr ein Leser heutzutage ohne die Hilfe von
Lexika und Handbüchern spontan nachzuvollziehen vermag, macht
es nötig, umfangreiche ‚Wort- und Sacherklärungen‘ beizugeben.

1. Inhalt und Aufbau des Romans

Der Roman hat die Lebensgeschichte eines Schweizer Bildhauers namens Anatol Ludwig Stiller zum Inhalt. Dieser vermag die Erwartungen, die man in sein künstlerisches Talent setzt, nicht zu erfüllen, wird auch mit seiner Beziehung zu der Tänzerin Julika Tschudy, die er geheiratet hat, nicht fertig und flüchtet schließlich aus seiner unbedeutenden Existenz in ein Wunsch-Ich, die Maske des weltläufigen und weitgereisten James Larkins White. Der berühmte Satz, mit dem das Werk beginnt („Ich bin nicht Stiller!"), gibt das Programm der Erzählung an, in welcher die Traditionen des Künstlerromans, des Eheromans und des Bildungs- oder Entwicklungsromans kunstvoll miteinander verknüpft sind.

Anhand zahlreicher Zeitangaben, die über den Roman verstreut sind, lassen sich die Teile des Geschehens, von dem der Roman handelt, chronologisch anordnen. Seit Januar 1946 gilt Stiller als verschollen (S. 39). Die Ehe mit Julika Tschudy wurde 1938 geschlossen, nachdem Stiller aus dem Spanischen Bürgerkrieg (1936/37) zurückgekehrt war und eine mehrmonatige Gefängnisstrafe verbüßt hatte (S. 89). „Stillers sommerliches Verhältnis" mit Sibylle gehört ins Jahr 1945 (S. 126). Die Gegenwartshandlung im Gefängnis, von der aus erzählt wird, spielt „sechs oder bald sieben Jahre später" (S. 151), also 1952. So ergibt sich folgender Verlauf der Geschichte:

Stiller stammt aus einer kleinbürgerlichen Familie. Er verliert früh den Vater. Seine Mutter heiratet wieder. Aus der Ehe geht sein Halbbruder Wilfried hervor. Stiller wird Bildhauer. Seine Arbeiten werden von der Kritik gerühmt, ehe ihm ein Werk gelingt, mit dem er selbst zufrieden ist. Er fühlt sich daher von den Erwartungen, die man ihm entgegenbringt, überfordert und meldet sich als Freiwilliger zu den Internationalen Brigaden, die im Spanischen Bürgerkrieg für die Republik gegen die faschisti-

Inhalt des Romans

Verbindung von Künstler-, Ehe- und Bildungs- roman

Verstreute Zeit- angaben

Chronologischer Ablauf der im Roman erzählten Ereignisse

sche Falange kämpfen (1936). Bei seinem ersten Kampf-auftrag versagt er, kehrt in die Schweiz zurück und wird von einem Militärgericht zu einer mehrmonatigen Gefängnisstrafe verurteilt. Nach deren Verbüßung arbeitet er wieder in seinem Atelier und heiratet Julika Tschudy, eine Balletteuse vom Zürcher Stadttheater. Die Ehe dauert acht Jahre und ist nicht glücklich. Julika erkrankt an Lungentuberkulose und begibt sich für einige Monate in ein Sanatorium nach Davos. Währenddessen, d. h. im neunten Jahr ihrer Ehe, macht Stiller auf einem Künstlermaskenball die Bekanntschaft von Sibylle, die mit einem Staatsanwalt verheiratet ist (1945). Die beiden beginnen ein Liebesverhältnis, das etwa sieben Monate dauert (d. h. bis November 1945). Im August besucht Stiller seine Frau in Davos. Sie spürt, daß ihr Mann ein Verhältnis hat. Rolf, Sibylles Mann, steigt, nachdem ihm seine Frau eröffnet hat, daß sie einen anderen liebe, kopflos in irgendeinen Nachtzug und landet in Genua. Enttäuscht von der Art, wie Stiller über seine Frau redet, läßt Sibylle das Kind, das sie von ihm erwartet, abtreiben und fährt allein nach Pontresina. Dort kommt es zur Trennung zwischen beiden. Sibylle fährt nach New York, wo sie sich eine eigene Existenz aufbaut (Weihnachten 1945), während Stiller als blinder Passagier auf einem Fracht-dampfer nach Amerika gelangt. Rolf holt seine Frau nach zwei Jahren aus New York zurück in das gemeinsame Zürcher Haus. Stiller schlägt sich sechs Jahre lang mit Gelegenheitsjobs in den USA und Mexiko durch, unternimmt einen Selbstmordversuch und kehrt nach seiner Genesung als Jim White in die Schweiz zurück (Herbst 1952). Bei der Einreise wird Stiller erkannt und verhaftet. In den Monaten der Untersuchungshaft versucht er auf Veranlassung seines Pflichtverteidigers, einen Lebenslauf zu verfassen. Aufgrund des erdrückenden Aktenmaterials und zahlreicher Gegenüberstellungen muß er in der Schlußverhandlung seine Identität mit Ludwig Anatol Stiller zugeben. Nach der Haftentlassung zieht er mit seiner Frau Julika in den kleinen Ort Glion bei Montreux und verdient sich dort den Unterhalt mit der Herstellung von Töpferwaren. Julika stirbt nach einer Lungenoperation. Stiller bleibt allein in Glion.

Zeitliche Erstrek-kung des Roman-geschehens von 1936 bis 1955

Chronologisch reicht die Romanhandlung sogar über das Erscheinungsjahr des Romans (1954) hinaus. Seit Stillers Verschollensein (S. 39: Januar 1946) bis zum Gerichtsurteil sind „sechs Jahre, neun Monate und einundzwanzig Tage" vergangen (S. 381), so daß sich als Datum Ende Oktober 1952 ergibt. Im Februar darauf (S. 388), also 1953, besuchen Rolf und Sibylle die Stillers zum ersten Mal am Genfer See, „anderthalb Jahre" später im Oktober 1954 (S. 395) kommt Rolf allein, im Jahr darauf, 1955, machen Rolf und Sibylle eine „kleine Osterfahrt durchs Welschland" (S. 411) und stehen Stiller beim Tod seiner Frau bei.

Im Überblick läßt sich der Erzählstoff in fünf Phasen gliedern:

1. Die acht Ehejahre mit Vorgeschichte (1936–1945)
2. Das Krisenjahr 1945
3. Stillers Aufenthalt in Amerika (1946–1952)
4. Die Untersuchungshaft in Zürich (1952)
5. Das Leben in Glion und Julikas Tod (1952–1955)

Fünf Phasen des Gesamtgeschehens

Nach der traditionellen Erzähltechnik wäre diese Geschichte am Leitfaden der zeitlichen Abfolge dieser Phasen dem Leser präsentiert worden. Als vermittelnde Instanz hätte man einen ‚auktorialen', d. h. allwissenden Erzähler erwarten können, der auch das Innenleben seiner Figuren kennt und den Sinn des Geschehens erläutert, oder einen ‚personalen' Erzähler, welcher die erzählte Welt in einer bestimmten Perspektive erscheinen läßt, oder einen Ich-Erzähler, der als erlebendes (‚erinnertes') Ich dem ‚personalen', als reflektierendes (‚erinnerndes') Ich dem ‚auktorialen' Erzähler entspricht. Diese Erzählsituationen, welche im realistischen Roman abwechseln können, sind im ‚Stiller' bis zur Unkenntlichkeit miteinander vermischt, so daß dem Leser die ‚Wahrheit' der erzählten Welt immer wieder entgleitet.

Traditionelles Erzählen hält sich an die zeitliche Abfolge

Auktoriale, personale und Ich-Erzählsituation

Statt der Kapitelgliederung, wie sie für eine Erzählung in chronologischer Abfolge kennzeichnend ist, hat es der Leser hier mit sieben Heften von „Stillers Aufzeichnungen im Gefängnis" (S. 9–383) und einem „Nachwort des Staatsanwalts" (S. 387–438) zu tun. In den Heften der ‚Aufzeichnungen' wird – wie in einem analytischen Drama – die Vorgeschichte, d. h. das Leben Stillers bis zu seiner

Unterschiede zwischen den ‚Aufzeichnungen‘ und dem ‚Nachwort‘

Analytische Erzählung

Erzählerische Darstellungsformen vs. Textsortenvielfalt

Perspektivenwechsel

Aufgabe des Lesers

Schema des Kriminalromans

Funktion des Stichdatums vom 18. 1. 1946

Flucht nach Amerika, aufgedeckt, während im ‚Nachwort‘ das weitere Leben Stillers nach seiner Verurteilung in zeitlicher Abfolge erzählt wird. Die beiden Teile sind auch dadurch unterschieden, daß sich in den ‚Aufzeichnungen‘ der Ich-Erzähler Stiller gegen die Enthüllung wehrt („Ich bin nicht Stiller!“), während nach erfolgter Enthüllung der Ich-Erzähler wechselt, Stiller zum Gegenstand der Erzählung eines anderen wird, dessen Perspektive nun allein die erzählte Welt bestimmt. Ein dritter Unterschied ist darin gegeben, daß im ‚Nachwort‘ die üblichen Darstellungsformen der erzählenden Gattung, Bericht, Beschreibung, Erzählerkommentar, Figurenrede, verwendet werden, während in den ‚Aufzeichnungen‘ eine Fülle von Texten verschiedener Art und verschiedenen Umfangs zu finden ist, in welcher der Leser die einzelnen Handlungsfäden entdecken und die wechselnden Perspektiven, in denen sie erscheinen, bemerken muß. Das ist vor allem dort nicht leicht, wo der Tagebuchschreiber (TS) wiedergibt, was ihm angeblich andere von Stillers Leben erzählt haben, und sich immer wieder die Sicht des Berichterstatters einschleicht, der ja – wie sich am Ende herausstellt – Stiller selbst ist. Letzten Endes bleibt die Aufgabe, „das Kreuzworträtsel mit dem verschollenen Stiller ausfüllen zu können“ (S. 108) dem Leser überlassen, der durch vielerlei Hinweise, die der Text enthält, an der Enthüllung der wahren Identität des TSs beteiligt wird. Deshalb ist dem ersten Teil des Romans, den ‚Aufzeichnungen‘, das Schema des Kriminalromans unterlegt. Zwar wird der Eingangssatz „Ich bin nicht Stiller!“ subjektiv mit der Weigerung des Ich-Erzählers motiviert, „eine Rolle zu spielen“, die nichts mit ihm zu tun habe (S. 9), also mit einem Hinweis auf das Thema, doch läßt sich so der Aufwand nicht erklären, den die Behörden betreiben, um den Gefangenen mit dem verschollenen Stiller zu identifizieren. Dafür muß schon ein schwerwiegender Tatverdacht herhalten. Er hat mit dem Datum vom 18. 1. 1946 zu tun, das sich durch den ganzen Roman zieht. Man will von dem Untersuchungsgefangenen wissen, wo er sich an diesem Stichtag aufgehalten hat (S. 18). Erst spät erfährt der Leser, daß man Stiller im Verdacht hat, an diesem Tag mit einem sowjetischen Agenten in Zürich zusammengetroffen zu sein (S. 195). Der Verdacht wird erst aufgehoben, als Stiller für diesen Tag ein Alibi erbringen kann (S. 382, 387). Die Behörden haben also den Eingangssatz des Romans („Ich bin nicht Stiller!") für eine Schutzbehauptung gehalten. Ein grober Überblick über den inhaltlichen Aufbau des Romans zeigt folgende Gliederung:

Doppelte Bedeutung des Eingangssatzes

Grobgliederung des Romans

Erster Teil: Stillers Aufzeichnungen im Gefängnis (S. 9–383)

1. Heft (S. 9–85): Eintragungen aus dem Gefängnisalltag (Berichte, Reflexionen, Wiedergabe von Gesprächen, Geschichten, Notizen)

2. Heft (S. 86–151): Bericht über die Ehe von Anatol Stiller mit Julika Stiller-Tschudy

3. Heft (S. 152–201): Eintragungen aus dem Gefängnisalltag (Berichte, Reflexionen, Geschichten ...)

4. Heft (S. 202–233): Bericht über die Ehe von Rolf, dem Staatsanwalt, mit Sibylle

5. Heft (S. 234–253): Eintragungen aus dem Gefängnisalltag (Berichte, Notizen, Charakterisierung des „verschollenen Stiller")

6. Heft (S. 254–316): Bericht über die ‚Dreiecksgeschichte' zwischen Stiller, Sibylle und Rolf

7. Heft (S. 317–383): Eintragungen aus dem Gefängnisalltag (Berichte, Reflexionen, Gesprächswiedergaben, Notizen), Erinnerungen an die Überfahrt nach Amerika, Bericht über den Tag der Schlußverhandlung in drei Teilen:
   1. Der Vormittag (S. 344–348)
   2. Das Mittagessen (S. 348–355)
   3. Der Nachmittag (S. 355–383): Lokaltermin in Stillers Atelier, Erzählung vom Selbstmordversuch, Gerichtsurteil

Zweiter Teil: Nachwort des Staatsanwalts (S. 387–438)

Rolf erzählt, aus seiner Sicht kommentierend, vom Leben des Ehepaars Stiller-Tschudy im Waadtland und von Julikas Tod. Er gibt ausführlich die Gespräche wieder, die er mit Julika und Anatol Stiller geführt hat, und zeigt darin deren Eheprobleme auf.

11

Erster Teil: Stillers Aufzeichnungen im Gefängnis (S. 9–383)

Die dem Leser durch die Komposition des Romans gestellte Aufgabe

Wenn man der Feingliederung des Romans nachgeht, wird die Aufgabe deutlich, die dem Leser durch seine Komposition gestellt wird. Der Leser muß aus der raschen Abfolge diverser Texte und aus dem Gefüge sich überschneidender Erzählperspektiven die einzelnen thematischen Linien herausfinden und die einzelnen Handlungsstränge zu einem Ganzen zusammensetzen. Deshalb wird der Inhalt der einzelnen Hefte und des Nachworts im folgenden kurz wiedergegeben, so daß eine Orientierung innerhalb dieser Komposition möglich wird. Dabei ist auch die Charakterisierung der jeweiligen Textsorte wichtig, deren ständiger Wechsel eine ganz andere Art der Lektüre nahelegt, als sie der Leser von der Kapitelfolge eines realistischen Romans gewohnt ist. Am Ende jedes Romanabschnitts werden die thematischen Linien nachgezeichnet, die in ihm entwickelt werden.

Erstes Heft (S. 9–85)

„Ich bin nicht Stiller!"

(1) Der Tagebuchschreiber (TS) beginnt einleitend mit der These: „Ich bin nicht Stiller!", der Weigerung, „eine Rolle zu spielen, die ihnen so passen möchte, aber nichts mit mir zu tun hat", und der Mitteilung, daß er den Auftrag habe, sein Leben niederzuschreiben. (S. 9)

(2) Dann erzählt der TS humorvoll den Hergang seiner Verhaftung (Ohrfeigenepisode. (S. 9–15)

Kritisches Bild der Schweiz

(3) Anschließend beschreibt er seine Gefängniszelle in der Weise, daß ein erstes kritisches Bild der Schweiz entsteht („Ein humanes Gefängnis, man kann nichts dagegen sagen, und darin liegt die Gemeinheit"; „Man hat hierzulande eine fast krankhafte Angst vor dem Unrat, scheint es"). (S. 15–17)

(4) Der TS gibt sein Gespräch mit dem Wärter Knobel wieder, der in der Illustrierten von Stiller und seiner Frau gelesen hat, den Häftling aber als „Mister White" anredet. (S. 17/18)

(5) Der TS reflektiert über die Niederschrift, die man von ihm verlangt und vermutet, daß man unter „Wahrheit" seines Lebens nachprüfbare „Tatsachen" versteht wie Ortsnamen, Daten usw.: „PS. Wo war ich am 18. 1. 1946?". (S. 18)

Woraus besteht die „Wahrheit" eines Lebens?

(6) Der TS berichtet vom „Spazieren im Gefängnishof", wo ein Mitgefangener ihn in einem gestischen „Konterfei" parodiert („Pose des Denkers … Fernweh-Miene … dazu die linkische Leutseligkeit eines Intellektuellen…"). Zuweilen habe er das Gefühl, daß er alles nur träume („das Gefängnis ist nur in mir"). (S. 19/20)

Ein Mitgefangener parodiert seine äußere Haltung

(7) Der TS gibt das Gespräch mit seinem Verteidiger wieder, der als typischer Schweizer satirisch gekennzeichnet wird („daß es Gerechtigkeit gebe, zumindest in einem Rechtsstaat, zumindest in der Schweiz" – „jeder Gedanke, der die Schweiz etwa in Frage stellt, erstickt unter einer Fülle historischer Tatsachen, die nicht zu bestreiten sind, und am Ende, wenn man seine Schweiz nicht einfach lobt, hat man immer unrecht"). Im PS. vermutet der TS, daß gegen den verschollenen Stiller ein Tatverdacht bestehe. (S. 20–24)

(8) Der TS erzählt dem Wärter Knobel, dessen Lebenslauf kurz referiert wird, daß er im Dschungel einen Millionär umgebracht habe, alles Dinge, die Knobel nur aus dem Kino kennt. (S. 24–26)

Der Tagebuchschreiber (TS) als Geschichtenerzähler

(9) Notiz: Frau Julika Stiller-Tschudy hat Fotos des Untersuchungsgefangenen angefordert. (S. 26)

(10) Der TS schildert seine Visionen, die er beim „Blick gegen die Mauer" seiner Zelle hat, einmal die mexikanische Wüste, die ihm die Frage aufgibt, „was der Mensch auf dieser Erde eigentlich macht", dann die tropisch fruchtbare Landschaft der „schwimmenden Gärten von Mexiko", wo ihm das festliche Treiben („Korso des Volkes, halb echt und halb Kitsch") die Antwort auf jene Frage gibt:

„Das ist es, was die Menschen machen auf Erden!"
(S. 26–30)

Der Häftling gibt eine Deutung seiner Ehe

(11) Der TS gibt sein <u>Gespräch</u> mit dem Staatsanwalt wieder („eine sympathische Persönlichkeit, ein Skeptiker, der auch sich selbst nicht alles glaubt...“). Er überbringt Grüße von seiner Frau Sibylle („vorausgesetzt, daß Sie tatsächlich Herr Stiller sind!") und fragt dann: „Sie haben Ihre Gattin ermordet, Mister White?" Der TS führt aus, daß es ein „Opfer für sie" gewesen sei, „an seiner Seite zu leben", daß auch ihre Freunde diese Auffassung gehabt hätten und daß er deshalb dauernd ein schlechtes Gewissen gehabt hätte und sich als „ihr Mörder" vorgekommen sei. (S. 31–33)

(12) Der TS <u>berichtet</u> vom Baden im Gefängnis: „Es sind außer mir, wie mich dünkt, keine Schwerverbrecher dabei". (S. 33/34)

(13) Der TS <u>kopiert</u> den <u>Brief</u>, den Wilfried Stiller, der Bruder des Verschollenen, an den Gefangenen gerichtet hat. Dieser berichtet darin vom Tod der Mutter und kündigt seinen Besuch an. (S. 34/35)

Der Verteidiger prüft nach, was ihm der Häftling erzählt

(14) Der TS gibt ein <u>Gespräch</u> mit seinem Verteidiger wieder, in dem er diesen zunächst mit dem Satz „Natürlich bin ich Stiller" verunsichert und dann von seiner Tätigkeit auf einer mexikanischen Hazienda <u>erzählt</u>, die einem Minister gehört. Das Gespräch wird am nächsten Tag mit dem Einwand des Verteidigers fortgesetzt, in Mexiko gebe es weder Großgrundbesitz noch Korruption, der Angeklagte habe ihm also „Hirngespinste" erzählt. Der TS liefert weitere <u>Informationen</u> über den korrupten Minister nach. (S. 36–39)

Der Tatverdacht gegen den Häftling

(15) <u>Notiz</u>: Der Tatverdacht kann dem Untersuchungshäftling nicht genannt werden, solange seine Identität nicht feststeht. Der TS vermutet: „Es riecht, habe ich das Gefühl, eher politisch". (S. 39/40)

(16) <u>Notiz</u>: Demnächst soll eine Gegenüberstellung mit der „Dame aus Paris" stattfinden. (S. 40)

(17) Der TS <u>berichtet</u> vom „Spazieren im Gefängnishof" und <u>schildert</u> Einzelheiten, die erkennen lassen: „Es wird Herbst". (S. 40/41)

(18) Der TS erzählt die Geschichte von einem gewissen Isidor, die er der ‚Dame aus Paris‘ erzählen will. Isidor war, weil er es nicht vertrug, „immer befragt zu werden, wo er gewesen wäre", einfach seiner Familie weggelaufen, in der Fremdenlegion gelandet und zweimal, kaum heimgekehrt, wieder weggelaufen vor der stereotypen Frage seiner Frau: „Wo bist du denn jetzt wieder gewesen?" (S. 41–45)

Julika, die „Dame aus Paris", wird erwartet

(19) Der TS gibt ein Gespräch mit seinem Verteidiger wieder, in dem er ihm von seiner Tätigkeit als Tabakpflücker in Mexiko und einem Vulkanausbruch erzählt, der die Plantage vernichtet hat, so daß es überflüssig ist, dort nachzuforschen. (S. 45–49)

(20) Der TS reflektiert: „Ich bin nicht ihr Stiller... Ich bin ein ... nichtiger ... Mensch, der kein Leben hinter sich hat ... was sie mir anbieten, ist Flucht ... in eine Rolle...". (S. 49)

(21) Der TS gibt ein Gespräch mit seinem Verteidiger wieder, der den Besuch der ‚Dame aus Paris‘ ankündigt: „Sie ist überzeugt, ihren Mann etwas besser zu kennen, als er sich selber kennt...". (S. 49/50)

(22) Der TS gibt ein Gespräch mit Knobel wieder, in dem er ihm wieder eine Mordgeschichte erzählt: „Der Mensch ist ein Raubtier". Er beginnt, damit, daß er Joe, den Mann von Florence, einer Mulattin, erschossen hat, und holt dann nach, wie er diese Florence in Oregon/USA beim Brand eines Sägewerks aus den Flammen gerettet und sich sogleich in sie verliebt hatte. (S. 50–55)

Rolf fährt mit Sibylle für zehn Tage nach Pontresina

(23) Notiz: Der Staatsanwalt verabschiedet sich von dem TS, um mit seiner Frau für zehn Tage nach Pontresina zu fahren. (S. 55)

(24) Der TS berichtet über den Besuch von Julika Tschudy im Gefängnis. Er erzählt ihr die Geschichte von Isidor etwas anders, als er es sich vorgenommen hatte. Die fünf Kinder sind weggelassen, der lebenskräftige Abenteurer ist in einen Dulder verwandelt: „...unter freier Verwendung eines Traums, den ich neulich hatte (s. S. 63): Isidor gibt,

Der Tagebuchschreiber erzählt Julika eine Ehegeschichte

sooft er auftaucht, keine Schüsse in die Torte, sondern zeigt nur seine beiden Hände mit Wundmalen..." Julika reagiert ähnlich wie Isidors Frau: „Immer kommst du mit deinen Hirngespinsten!" Daraufhin wird der TS so wütend, daß er sie tätlich angreift, in ihr „ein fremdes, irgendein Weib" sieht. (S. 55–60)

(25) Reflexion: „Es gibt keine Flucht. In bin geflohen, um nicht zu morden, und habe erfahren, daß gerade mein Versuch, zu fliehen, der Mord ist." (S. 60)

Die Katze ‚Little Grey'

(26) In einem Bericht über das Gespräch mit seinem Verteidiger nach Julikas Besuch vermutet der TS zunächst, daß dieser den Ausdruck „Hirngespinste" von ihr übernommen habe. Dann erzählt er von der Katze ‚Little Grey', die er in einem Haus in Oakland/Kalifornien füttern mußte – das war der Mietzins – und die ihm auf die Nerven ging: „Ihr Blick drohte mit Sterben. Sie war imstande, mir alles zu vergällen..." Eines Abends kommt sie verletzt nachhause, „mit einem Blick, als hätte ich sie verwundet". (S. 60–63)

(27) Traum: „Ein jüngerer Mann, vermutlich der Verschollene", zeigt Wundmale an den Händen, die auch die ‚Dame aus Paris' trägt. Der TS vermutet, daß es „zwischen den beiden darum geht, wer das Kreuz ist und wer der Gekreuzigte...". (S. 63)

(28) Bericht: Knobel fragt, wer Helen sei, die in der Geschichte von ‚Little Grey' vorkam. Er habe „den Namen eben im Büro des Staatsanwalts gehört". (S. 64)

(29) Notiz in einem ‚PS.' über geplante „Lokaltermin-Fahrten" (in das Atelier des Verschollenen und nach Davos). (S. 64)

„Man kann alles erzählen, nur nicht sein wirkliches Leben."

(30) Der TS reflektiert: „Man kann alles erzählen, nur nicht sein wirkliches Leben." Aufgrund dieser „Unmöglichkeit" müssen wir so bleiben, wie die Mitmenschen uns sehen. Denn „nur um sagen zu können: ‚Ich kenne dich'", machen sie „jedes Wunder (was ich nicht erzählen kann, das Unaussprechliche, was ich nicht beweisen kann)", zuschanden. (S. 64)

(31) Der TS gibt ein <u>Gespräch</u> wieder, zu dem der Verteidiger ein Album mit Photos von dem Verschollenen mitgebracht hat. Der TS versucht ihm klarzumachen, daß das wirkliche Leben keine Bilder hinterläßt, sondern andere ‚Ablagerungen‘ hat, vielleicht in „bloße(r) Schuld", „in einem Mord zum Beispiel", daß er deshalb „die volle und ganze Wahrheit selber nicht weiß". (S. 65–67)

(32) Der TS <u>berichtet</u> über die Reise, die er mit Julika und dem Verteidiger nach Davos gemacht hat. Das Sanatorium, in dem sie ehemals gelegen hat, ist abgebrannt. (S. 67/68)

(33) <u>Eintrag</u>: „Meine Angst: die Wiederholung –!" (S. 68)

(34) <u>Notiz</u>: Frau Julika Stiller-Tschudy fragt den TS, woher er die „Narbe über dem rechten Ohr" habe. Der Gefragte weicht aus (Vorausdeutung auf den Selbstmordversuch: S. 378–380). (S. 68)

Der Tagebuch-schreiber hat Angst vor der Wiederholung

(35) Der TS <u>beschreibt</u> Julikas Schönheit: „Hat Stiller es nicht gesehen?" (S. 68/69)

(36) <u>Reflexion</u>: „Alles hängt davon ab, ob es gelingt, … die Wiederholung … zu seinem Leben zu machen, indem man anerkennt: Das bin ich! …" (S. 69)

(37) Der TS <u>berichtet</u>, daß ein Mitgefangener seinen Selbstmord angekündigt und Knobel verraten hat, daß „die Dame eine Kaution hinterlegt" habe, um mit ihm ausgehen zu können. (S. 69/70)

(38) Der TS <u>erzählt</u> seinem Verteidiger, um seinen Fall verständlich zu machen, das Märchen von Rip van Winkle. Dieser, ein Träumer und Geschichtenerzähler, war eines Tages im Wald in eine Schlucht geraten, von dort lebenden alten Herren als Kegeljunge in Dienst genommen und festgehalten worden. Wieder erwacht fand er seine Flinte verrostet, seinen Hund als Skelett. In seinem Dorf erkannte ihn niemand mehr, obwohl man allerlei von Rip van Winkle erzählte und eine Frau sagte, er sei ihr Vater gewesen. Zwanzig Jahre waren seit seinem Weggang vergangen. (S. 70–77)

Das Märchen von dem Verschollenen

**Seine Liebes-
erklärung macht
keinen Eindruck**

(39) Der TS berichtet von dem ersten „Kaution-Nachmittag", den Julika und er in Zürich verbringen. Dabei beschreibt er Stadt und nähere Umgebung aus der Perspektive des Fremden. Er macht Julika eine Liebeserklärung, möchte, daß nicht ihre oder seine Vergangenheit, sondern die gegenwärtige Begegnung den Tag bestimmt. „Aber sie sah mich nicht, sondern Stiller!" Der TS reflektiert darüber, daß „jedes Gespräch" zwischen ihnen „fertig" ist, bevor sie es anfangen, „jede Handlung schon im voraus gedeutet" ist. Sie verwechselt ihn „mit ihrem Phantom": „Sie kann mich nicht wahrnehmen". (S. 77–84)

**Wie soll man be-
weisen, wer man
in Wirklichkeit ist?**

(40) In einem PS. reflektiert der TS darüber, daß er „keine Sprache für die Wirklichkeit" seines Lebens hat, daß er nur „mit Lügen" aus dem Gefängnis heraus kann, wenn er eine „Rolle" übernimmt, die nichts mit ihm zu tun hat: „Wie soll einer denn beweisen, wer er in Wirklichkeit ist?" (S. 84)

(41) Der TS berichtet, daß der Mitgefangene seinen angekündigten Selbstmord ausgeführt hat, und vermutet, daß er vielleicht seine Erfahrung, die Begegnung mit dem Engel, verstanden hätte (Vorausdeutung auf den Selbstmordversuch: S. 378–380). Er reflektiert über den Selbstmord: „Sprung in die Nichtigkeit..., in die Leere als das Einzigwirkliche, was zu mir gehört" und resümiert: „Selbstmord ist Illusion". (S. 84/85)

Die thematischen Linien

In diesen 41 Textabschnitten des ‚Ersten Heftes' sind vier thematische Linien gleichsam übereinandergelegt, die miteinander zusammenhängen:

**Das existentielle
Problem: Suche
nach sich selbst**

1. Der Kern der Handlung betrifft ein existentielles Problem, das unter der Oberfläche der Erzählung verborgen ist. Es geht dem Helden darum, eine neue Identität zu gewinnen und sein altes, gewöhnliches Selbst abzustreifen. Er möchte sein Leben als ein sinnvolles Ganzes gestalten und in die eigene Hand nehmen, verzweifelt aber daran, seine Individualität zur Sprache bringen

zu können. Diese Linie wird durch die Abschnitte 1, 5, 10 („betroffen von der Unwahrscheinlichkeit unseres Daseins": S. 26), 20, 25, 30, 31, 33, 34 (zum Selbstmordmotiv vgl. Nr. 37 u. 41), 36, 39, 40 repräsentiert.

2. Etwas leichter zugänglich ist die psychologische Ebene der Eheprobleme, wo sich die Unfähigkeit, einander mitteilen zu können, und das Festgelegtsein auf eine bestimmte Vorstellung vom Partner als Belastung einer Beziehung auswirken. Hier sind die Abschnitte 4, 11, 21, 24, 27, 35, 39 von Bedeutung; Nr. 23 deutet vielleicht auf ein Gegenbild einer Beziehung hin, von dem sich die Beziehung zwischen Stiller und Julika abheben soll.

Das psychologische Problem: Verständigung mit dem Ehepartner

3. Noch einfacher ist die Schicht zu erfassen, in der sich der Kriminalfall des Untersuchungsgefangenen Mr. White ereignet, der immer häufiger und intensiver mit seiner Vergangenheit konfrontiert wird, welche er abzustreifen versucht hat. Hierher gehört auch die Kritik, welche der Tagebuchschreiber an der Schweiz übt. Diese Schicht wird in den Abschnitten 1, 2, 3, 6, 7, 9, 12, 13, 15, 16, 17, 28, 29, 32, 37 vertreten.

Der Kriminalfall: die Schweiz gegen Mr. Jim White

4. Eine eigene Erzählebene bilden die Geschichten, die der Untersuchungsgefangene sich ausdenkt. Sie haben eine ähnliche Funktion wie die Vision Nr. 10 und der Traum Nr. 27. Sie spiegeln oder symbolisieren die auf den anderen Ebenen dargestellten Probleme, z. B. die Eheproblematik (Isidor: Nr. 18) oder die gefährdete Identität (Rip van Winkle: Nr. 38). Hier sind die Abschnitte 8, 10, 14, 18, 19, 22, 26, 27, 38 einzuordnen.

Spiegelungen und Symbolisierungen

Zweites Heft (S. 86–151)

Im Unterschied zum ersten Heft mit seinen vielen diversen Textstücken weist das zweite Heft längere, in sich geschlossene Erzählpartien auf. Die Schwierigkeit liegt für den Leser diesmal in der Verschlungenheit der Erzählperspektiven. Der

Mehrere Erzählperspektiven ineinander verschlungen

Tagebuchschreiber, der Untersuchungsgefangene White, äußert sich dazu folgendermaßen:

> Ich will aber versuchen, in diesen Heften nichts anderes zu tun als zu protokollieren, was Frau Julika Stiller-Tschudy, der ich so gern gerecht werden möchte, schon damit sie mich nicht für ihren Gatten hält, mir oder meinem Verteidiger von ihrer Ehe selber erzählt hat. (S. 90)

Schwierigkeit, die Ehe aufgrund dieses Berichts zu beurteilen

Man muß also damit rechnen, daß manches von dem, was Julika von ihrer Ehe zu erzählen hat, erst auf dem Umweg über den Verteidiger, Dr. Bohnenblust (S. 49), zu dem TS gelangt ist. Zudem verrät dieser zuweilen, daß er mehr weiß als Julika selbst, d. h. mit Stiller identisch ist, z. B. dort, wo er ein Gespräch wiedergibt, das Bekannte in Julikas Abwesenheit mit Stiller geführt haben (S. 111). So hat der Leser es schwer, sich ein zutreffendes Bild von dieser Ehe zu machen, einem Ehetherapeuten vergleichbar, der nicht in die Menschen hineinschauen kann, von dem man aber erwartet, daß er die zwischen den Partnern existierenden Beziehungsprobleme erkennt.

Gliederung des Heftes

Anhand von Einschüben (Gespräch mit Knobel: S. 125 f.) und Gliederungssignalen (Zeitangabe: S. 94) läßt sich das Heft in folgende Abschnitte unterteilen:

Ein Fall von Frigidität?

(1) Die Zeit bis zur Eheschließung (S. 86–90): „Die Beziehung ... begann mit der Nußknacker-Suite von Tschaikowsky ... und es blieb ... eine Nußknacker-Suite über all die Jahre ihrer Ehe." Der TS kommentiert, daß „jeder einigermaßen erfahrene Mann ... in diesem so faszinierenden Persönchen ohne weiteres einen Fall hochgradiger Frigidität erkannt ... und seine Erwartung danach geregelt" hätte.

Unterschiedliche soziale Herkunft

(2) Die junge Ehe (S. 90–94): „Vermutlich aus purer Angst, nicht ernstgenommen zu werden, hatte er Anfälle von ordinärer Grobheit". Der TS kommentiert, daß Julika „eine Tochter ... aus kultiviertem Haus", Stiller aber „aus kleinbürgerlichem Milieu kam", und nennt es „komisch und gräßlich, daß solche Dinge zwischen zwei Menschen, die sich lieben, plötzlich eine Rolle spielen ..."

(3) Die erste Ehekrise (S. 94–98): Stiller beginnt, „seine Bildhauerei über alles zu stellen", bringt viel Zeit im Atelier zu, wo Julika „eine Haarspange am Boden" findet. Sie muß zur Behandlung ihrer Lungentuberkulose in ein Sanatorium nach Davos. Stiller reagiert mit „einer hemmungslosen Ich-Bezogenheit". (S. 98)

(4) Versuch einer Begründung der Krise (S. 98–107): Der TS betont die Frigidität und den Narißmus Julikas: „das Ballett blieb die einzige Möglichkeit ihrer Wollust" (S. 99). Stiller aber nahm ihre Sprödigkeit „als Niederlage seiner Männlichkeit" (S. 100), bezog „sogar ihre ärztlich begründete Müdigkeit … nur auf sich" (S. 101), stilisierte einen jungen „Reklameberater", der in Julika verliebt war, zum großen Mann, „der Julika glücklich zu machen vermochte", übersah völlig, „daß seine Julika durchaus unverändert blieb" (S. 103). „Und das Schweigen wucherte, ein Schweigen, das schlimmer war als Zank" (S. 105). Er war auch „eifersüchtig auf ihren Hund", er „scheint wirklich der Inbegriff einer männlichen Mimose gewesen zu sein". (S. 106)

Eine Deutung der Ehekrise wird angeboten

(5) Charakterisierung Stillers (S. 107–113): Ein „belangloser Ausspruch" Julikas „in ihrer ersten gemeinsamen Nacht" hatte zur Folge, „daß Stiller sich als ein stinkiger Fischer mit einer kristallenen Fee vorkam" (S. 108). Dieser Minderwertigkeitskomplex wird durch das Verhalten ihrer Bekannten verstärkt, die Julika sehr schätzen: „Offen gestanden, Stiller, ich frage mich manchmal, womit diese Julika es verdient hat, mit Ihnen verheiratet zu sein" (S. 111). Unhöflichkeiten ihres Mannes nahm sie mit Humor, wenn er „sich darin gefiel, der unverstandene Mann zu sein". (S. 113)

Stiller ein Mann voller Minderwertigkeitskomplexe?

(6) Julika in Davos (S. 113–125): Im Sanatorium erleichtert ein „junger Mensch …, aber Sanatoriums-Veteran", Julika den Aufenthalt, indem er ihr Bücher bringt und – „ohne eine Spur von Lehrerhaftigkeit" – erläutert. Es ist ein Jesuit. Er versucht – im Unterschied zu Stiller – nie, ihr „eine Anschauung aufzudrängen", bringt ihr auch den Gedanken nahe,

daß es das Zeichen der Nicht-Liebe sei, also Sünde, sich von seinem Nächsten oder überhaupt von
einem Menschen ein fertiges Bildnis zu machen, zu
sagen: So und so bist du, und fertig! ein Gedanke,
der die schöne Julika unmittelbar angesprochen
haben mußte. War es nicht so, daß Stiller, ihr
Mann, sich ein Bildnis von Julika machte?..."
(S. 116)

Nachdem sein Ausbleiben schon Befremden ausge-
löst hatte, kommt Stiller endlich, um seine kranke
Frau zu besuchen. Er benimmt sich „sehr unfrei",
weicht aus, als sich Julika nach seiner ‚Dame' er-
kundigt, und bekommt auf dem Spaziergang, auf
den sich die Kranke gefreut hatte, in ihrem Schoß
einen Weinkrampf, der ihr sehr peinlich ist, weil
Leute kommen. Ein Gespräch kommt nicht zustande. Stiller geht ohne Abschied.

(7) <u>Einschub</u>: Knobel fragt nach neuen Mordgeschichten, worauf der TS erklärt, daß es „allerlei
Arten" gebe, „einen Menschen zu morden oder wenigstens seine Seele", z. B. „durch Lächeln ... oder
durch Schweigen". Das Interesse der Leute an
Mordgeschichten sei dadurch bedingt, daß „wir für
gewöhnlich unsere täglichen Morde nicht sehen".
Das sei früher anders gewesen, als „die menschlichen Charaktere sich noch in Handlung offenbar-
ten; heutzutage ist alles verinnerlicht". (S. 125/
126)

Julika vereinsamt;
die Theaterwelt
rückt von ihr ab

(8) <u>Julika in</u> Davos (S. 126–139): Nicht nur Stillers
Verhalten ließ Julika vereinsamen, auch aus ihrer
Berufswelt fiel sie heraus. Beim Betrachten der
Illustrierten, in denen sie abgebildet ist, hat sie
plötzlich das Gefühl, daß Tanzen „wie ein Spiel aus
vergangenem Lebensalter" sei, „köstlich, doch für
sie nicht mehr möglich" (S. 129). Die kollegialen
Beziehungen lassen nach. Als ein Kollege, den der
Zufall nach Davos führt, ihr beim Abschied zu-
winkt, ist es ihr, „als verabschiedete sie sich von einer ganzen Welt" (S. 132). Der junge Jesuit setzt ihr
noch kurz vor seinem Tod den Kopf zurecht: Es sei
doch infantil, daß sie ihr eigenes Tun und Lassen
immer mit dem begründet, „was beispielsweise ihr
Mann nicht getan oder getan hat" (S. 134). Als er

stirbt und ein neuer Nachbar in sein Zimmer zieht, gerät Julika in Panik und fährt mit dem „Bähnchen" zu Tal, wo sie zusammenbricht. Stiller ist zu der Zeit gerade in Paris und schreibt, als er davon erfährt, einen herzlosen, verständnislosen Brief, „als wäre Julika überhaupt nur krank, um Stiller ein schlechtes Gewissen zu machen" (S. 139). Als er dann nach drei Wochen kommt, redet er „ausschließlich von sich selbst..., von seiner Niederlage in Spanien..., als ginge es um ihn, um Stiller, um den Gesunden".

Stiller zeigt kein
Verständnis für
Julika

(9) Nachtrag (S. 139–142): Am Tag ihres Kennenlernens („Nußknacker-Suite" s. S. 86) hatten Freunde Julika in Stillers Atelier mitgenommen und diesen aufgefordert, „seine ‚tolle' Geschichte von Toledo zum besten zu geben". Stiller hatte während seiner Zeit im Spanischen Bürgerkrieg einen Übergang über den Tajo zu bewachen, schoß aber nicht auf die Faschisten, sondern ließ sich von ihnen fesseln. Auf die Frage, warum er denn nicht geschossen habe, erklärt er, es seien ja Menschen und er sei nicht fähig, „auf Menschen zu schießen" (S. 141). Julika kann nicht begreifen, warum Stiller in Davos plötzlich von einer ‚Niederlage in Spanien' zu reden anfing.

Was hat die
Toledo-Geschichte
mit der Stiller-Ehe
zu tun?

(10) Der Bruch zwischen Julika und Stiller (S. 142–151): Im November kam Stiller zum letzten Besuch nach Davos, „von Pontresina, das hieß: er kam von der andern", mit der er Schluß gemacht habe. „Ausführlich..., in einem durchaus unverlangten Grad", erzählte er von Sibylle, kam dann auf sein Spanien-Problem:

> „Wäre nicht diese Niederlage in Spanien gewesen", sagte er, „wäre ich dir mit dem Gefühl begegnet, ein voller und richtiger Mann zu sein – ich hätte dich schon längst verlassen, Julika, vermutlich schon nach unserem ersten Kuß, und diese ganze jammerliche Ehe wäre uns beiden erspart geblieben. Das ist das Bittere, siehst du; wir hätten es wissen können, daß es nicht gehen wird." (S. 146)

Julika kann den Zusammenhang nicht verstehen. Stiller wirft ihr „Narzißmus" vor, beklagt sich darüber, daß sie ihm immer verziehen habe:

Es gibt eine Satanie im weiblichen Verzeihen, meine Liebe, die dir ferne ist, versteht sich, alles ist dir ferne; ich empfand es nur so in meiner Mimosenhaftigkeit, und daran kann man genau so zugrunde gehen wie an einer Tuberkulose... (S. 149)

Julika antwortet mit dem Gedanken, den der junge Jesuit ihr beigebracht hatte (s. o. S. 116): „Du hast dir nun einmal ein Bildnis von mir gemacht", anders wolle er sie nicht sehen:

„Immer kommst du mit deinen Hirngespinsten!" (S. 57)

Immer redest du dich in etwas hinein – du sollst dir kein Bildnis machen von mir! das ist alles, was ich dir darauf sagen kann. (S. 150)

Stiller erklärt ihr, daß es jetzt Schluß sei zwischen ihnen:

Vielleicht ist es gut, Julika, wenn du von diesem Tage an weißt..., daß mir deine Krankheit keinen Eindruck mehr macht... (S. 151)

Julika bittet ihn, sie jetzt allein zu lassen. Bald danach ist Stiller verschollen.

Die thematischen Linien

Stiller als Ehemann

1. Das existentielle Problem des Helden wird hier daran gezeigt, daß er die Rolle des Ehemanns ausfüllt. Davon handeln vor allem die Textabschnitte 4 und 5. Was den Zusammenhang zwischen seinen Minderwertigkeitskomplexen und dem Spanienerlebnis (Nr. 9) angeht, bleibt der Leser noch im Ungewissen.

Die Ehe, in der ihre Frigidität auf seine Komplexe trifft

2. Die meisten Textabschnitte sind dem hier vorherrschenden Thema der Ehegeschichte gewidmet (1, 2, 3, 6, 8, 10). Gleich zu Anfang wird der Leser auf Julikas „Frigidität" (Nr. 1) und auf die unterschiedliche soziale Herkunft der beiden Ehepartner (Nr. 2) hingewiesen.

Gegenwartshandlung unterbrochen

3. Da die erzählten Ereignisse in die Zeit von 1936 bis 1945 gehören, ist die thematische Linie des Kriminalfalls hier unterbrochen, abgesehen davon, daß der Einschub Nr. 7 in die Gegenwartshandlung im Gefängnis führt.

4. Zwar erzählt der Tagebuchschreiber im ‚Zweiten Heft' keine <u>Geschichte</u>, aber er erklärt dem Gefängniswärter Knobel die Vorliebe der Leute für Mordgeschichten mit dem Hinweis, daß sich „die menschlichen Charaktere" nicht mehr „in Handlung offenbaren", wir vielmehr nicht mehr sehen können, was wir anrichten (Nr. 7).

Warum lieben die Leute Mordgeschichten?

Drittes Heft (S. 152–201)

Das ‚Dritte Heft' zeigt wie das ‚Erste Heft' eine große Textvielfalt und führt in den Alltag des Untersuchungsgefangenen zurück. Etwa ein Drittel des Heftes nimmt die Höhlengeschichte ein, die von der Entstehung des Wunsch-Ichs Jim White handelt, also von zentraler Bedeutung ist.

Rückkehr in die Gegenwartshandlung

(1) Der TS <u>berichtet</u> über die „Fahrt in ein eidgenössisches Zeughaus", wo ihm die verdorbene Ausrüstung des „Mitrailleur Stiller" gezeigt und neue Stücke angepaßt werden. Als er mit „White, James Larkins, New Mexiko, USA" unterschreibt, entschuldigt sich der diensthabende Leutnant, dem es „gar nicht recht" war, „daß einem Amerikaner in der Schweiz so etwas hatte passieren müssen". (S. 152–156)

(2) <u>Eintrag</u>: Der TS will den Brief von Wilfried Stiller (vgl. S. 34/35) beantworten (was auf S. 175 geschieht). (S. 156)

(3) Der TS <u>erzählt</u> dem Wärter Knobel die <u>Grottengeschichte</u> (S. 156–172):
Als Cowboy in Texas habe er eine Grotte ungeheuren Ausmaßes entdeckt, ein „Labyrinth", in das er eingestiegen sei, indem er Wegzeichen anbrachte, als hätte er „den Faden der Ariadne". Ein menschliches Skelett, das er unterwegs fand, gab ihm das „Gefühl, in einer Falle zu sitzen und wie dieser Vorgänger nie wieder herauszukommen". Er beschreibt (S. 163–165) dieses ‚Labyrinth' als ein „unterirdisches Arsenal der Metaphern": „Alles, was die Menschenseele je an Formen erträumte,

Die Grotte als „Arsenal der Metaphern"

hier ist es noch einmal in Versteinerung wiederholt und aufbewahrt, scheint es, für die Ewigkeit". Mit Laternen, Brennstoff und Verpflegung ausgerüstet, geht er „das nächste Mal" zusammen mit Jim, seinem Freund, in die Höhle, der sich am dritten Tag der unterirdischen Expedition den Fuß bricht. Jim hat Angst, daß der Freund ihn allein läßt. Es beginnt ein Kampf der beiden, des verletzten und des gesunden Jim, der wie eine symbolische Fehde zwischen zwei Seiten des Selbst erscheint:

Kampf zwischen zwei Seiten des Selbst

> Einer von beiden, in der Tat, war immer sehr rührend, einmal Jim, einmal ich. Es war wie eine Schaukel. (S. 168)
> Jim, sagte er, du kannst mich nicht in dieser Finsternis hocken lassen, das kannst du nicht tun! Wie immer, wenn einer den Mut hatte zu offener Selbstsucht, kam der andere mit seiner verdammten Moral. (S. 170)

Am Ende kam es zu einem „Kampf mit Fäusten". Als Knobel wissen will, wie es ausgegangen ist, erwidert der TS:

Der Tagebuch-schreiber hat den Namen James Larkin White angenommen

> Jedenfalls ist nur einer aus der Kaverne gestiegen, der Stärkere vermutlich. Sein Name ist bekannt, sogar mit metallenen Lettern auf einen Denkstein geschrieben. Jim White. In einer Publikation, die heutzutage den Touristen verkauft wird, heißt es etwas genauer: James Larkin (Jim) White, a young cowboy who made his first entry trip in 1901. Von dem Freund hingegen, der immerhin als Begleiter erwähnt wird, heißt es bloß: a Mexican boy. Sein Name ist verschollen, und ich denke, dieser Verschollene wird sich auch nicht mehr melden. (S. 171 f.)

Als Knobel wissen will, ob er denn Jim White sei, verneint der TS:

> Aber was ich selber erlebt habe, sehen Sie, das war genau das gleiche – genau. (S. 172)

Eine andere Julika

(4) Der TS berichtet über den „zweiten Kaution-Nachmittag mit Julika" (vgl. S. 77–84). Sie machen eine Segelpartie auf dem Zürichsee. Er meint, diese Julika habe mit jener, deren Geschichte er protokolliert hat, nichts zu tun. (S. 172/73)

(5) Der TS gibt einen <u>Traum</u> wieder, in dem ein Hauptmann dem „Mitrailleur Stiller" damit droht, er werde mit ihm „kein langes Federlesen machen". Der Verteidiger, dem er den Traum erzählt, hält so etwas für unmöglich. Er ist selbst Offizier. (S. 174/75)

Traum vom Schweizer Militär

(6) Der TS <u>referiert</u> den Inhalt des Briefes, den er an Wilfried Stiller gerichtet hat (vgl. S. 156). (S. 175)

(7) <u>Notiz</u>: Der amerikanische Paß ist eine Fälschung; das hat der TS aber dem Verteidiger schon gesagt:

> Ich kann mich nicht mitteilen, scheint es. Jedes Wort ist falsch und wahr, das ist das Wesen des Worts, und wer immer nur alles glauben will oder nichts –. (S. 175)

„Jedes Wort ist falsch und wahr…"

(8) Der TS gibt ein <u>Gespräch</u> mit dem Staatsanwalt wieder, welches das Leben in New York zum Inhalt hat. Der TS berichtet von einem Betrunkenen, dem er nicht zu helfen wagt:

> Man weiß halt, was dabei herauskommt! Zum Schluß muß der Samariter beweisen, daß er nicht der Mörder ist, mit Alibi und so.

Zum Schluß findet er ihn tot auf dem Pflaster und erkennt in ihm seinen Stiefvater. Der Staatsanwalt geht nicht weiter auf Stillers Geschichte ein, sondern bringt die Rede auf die Erlebnisse seiner Frau während ihrer Zeit in New York. (S. 175–182)

Geheimnisvolle Begegnung mit dem Stiefvater

(9) Der TS <u>kopiert</u> den <u>Brief</u> des Wilfried Stiller, der bezeugen will, daß sein Bruder nichts mit der „seinerzeitigen Smyrnow-Affäre zu tun gehabt" habe (vgl. S. 195). (S. 183)

(10) <u>Notiz</u>: Julika weiß nichts davon, es scheint eine politische Affäre gewesen zu sein. (S. 183)

(11) Der TS <u>berichtet</u> über den dritten „Kaution-Nachmittag" (s. S. 174), der wegen Regen im Hotelzimmer stattfindet. Er sieht einen Brief, den Julika an einen Herrn Dmitritsch in Paris gerichtet hat. (S. 184)

(12) <u>Eintrag</u>: „Schon wieder von der Uniform geträumt" (vgl. S. 174). (S. 184)

(13) Reflexion: Der TS kommt sich im Gefängnis wie im Kloster vor, der Hof erinnert ihn auch an den „Gartenhof im Museum of Modern Art, New York". Nach dieser Zeit sehnt er sich jedoch nicht zurück, überhaupt nicht nach irgendeiner Zeit seines Lebens. (S. 184/185)

Stiller ist eifersüchtig

(14) Zwei Postskripta (PS.) über Julika: Er fragt sich, was sie so gründlich verwandelt hat, und ist eifersüchtig auf Herrn Dmitritsch. (S. 185; vgl. S. 31)

(15) Reflexion: Der TS nennt den Staatsanwalt seinen Freund. Er ist ihm sympathisch, weil ihm sein Lächeln verrät, daß er schon „einmal geweint hat" und sich dessen nicht schämt. (S. 185)

Eine Begründung für die Unmöglichkeit, „sein wirkliches Leben" erzählen zu können (vgl. S. 64)

(16) Der TS reflektiert über die Zuverlässigkeit von Erzählungen und die Echtheit von Erfahrungen. Im „Zeitalter der Reproduktion" kann jemand das, was er erzählt, auch aus dem Fernsehen haben, und das, was er für seine eigene Erfahrung hält, kann er sich angelesen haben und interpretiert es nun in seine Erlebnisse hinein: „Wozu also die Erzählerei! Es heißt nicht, daß einer dabeigewesen ist. Mein Verteidiger hat recht..." Doch nimmt der TS seine Geschichte von Florence, einer Mulattin, davon aus. Durch sie ist er mit Negern bekannt geworden und hat an ihren Festen teilgenommen. Er erwähnt ihre

> unterschiedliche Könnerschaft in der familiären Demonstration, daß man sich auf feines Benehmen versteht, diese vollkommene Karikatur einer weißen Kleinbürgerlichkeit... (S. 190)

Die „Absurdität" der Sehnsucht, „anders sein zu wollen als man ist"

An ihnen wird ihm „die Absurdität unserer Sehnsucht" klar, „anders sein zu wollen, als man ist" (S. 193). Mit Florence hängt auch die Katze ‚Little Grey' zusammen, die er „wohl schon einmal erwähnt" hat (vgl. S. 60 ff.). (S. 185–194)

(17) Notiz: Julika hat ihre Paris-Reise verschoben.

(18) Information über die Smyrnow-Affäre (vgl. S. 39 f.). (S. 195)

(19) Der TS gibt ein Gespräch mit seinem Verteidiger wieder, der ihm seinen „Haß gegen die Schweiz" vorwirft:

Man kann mit diesen Schweizern nicht über Freiheit sprechen, ganz einfach, weil sie es nicht ertragen, daß man sie in Frage stellt, die Freiheit, und daß man sie nicht als ein schweizerisches Monopol betrachtet, sondern als ein Problem... (S. 197)

Am Schluß wendet er den Freiheitsgedanken ins Existentielle und bezeichnet die Freiheit als „Schritt in den Glauben". (S. 185–199)

Freiheit als „Schritt in den Glauben"

(20) Der TS gibt ein <u>Gespräch</u> mit dem Staatsanwalt wieder, der seine Auffassung von der Ehe erläutert: „...daß wir kein Anrecht haben auf die Liebe unseres Partners..." (S. 199/200)

(21) <u>Notiz</u>: Dmitritsch (vgl. S. 184 f.) ist der Pianist in Julikas Tanzschule in Paris. (S. 200)

(22) <u>Fortsetzung des</u> <u>Gesprächs</u>: Der Staatsanwalt (und Freund) fragt den TS, ob er ‚Anna Karenina' und ‚Effi Briest' kenne. (S. 200/201)

Hinweis auf Eheromane

(23) Kurzes <u>Gespräch</u> mit Knobel, der ihn verraten hat und jetzt als „Herr Stiller" anspricht: „Julika überzeugt sie alle." (S. 201)

Die thematischen Linien

1. Hinweise auf das Kernthema der <u>Identitätskrise</u> Stillers finden sich in Nr. 7 („Ich kann mich nicht mitteilen"), 8 (Begegnung mit dem Stiefvater in New York, S. 178 f.), 13 (er ‚sehnt sich nicht zurück') und vor allem 16 (Identitätsgefährdung im „Zeitalter der Reproduktion": S. 186 f.). Doch auch in anderen Abschnitten ist das Kernthema anwesend, so in dem Gespräch über Freiheit (Nr. 19) und besonders in der Höhlengeschichte (Nr. 3).

Identitätsgefährdung im „Zeitalter der Reproduktion"

2. Der ‚Eheroman' mit Julika, der Inhalt des ‚Zweiten Heftes' war, findet eine eigenartige Fortsetzung in der Beziehung des Gefangenen zu ihr. Davon handeln die Abschnitte Nr. 4, 11, 14, 17, 20, 21, 22.

Eine neue Beziehung zu Julika?

3. In der Gegenwartshandlung des <u>Kriminalromans</u> wird White immer stärker mit Stillers Vergangenheit konfrontiert: Nr. 1 (vgl. dazu 5 und 12), 2, 6, 7, 9, 10, 15, 18, 19, 23. Vor allem erfährt

Konfrontation mit der Vergangenheit Stillers

der Leser mehr über die Haftgründe (Nr. 9, 10, 18).

Mit Hilfe der Höhlengeschichte will White sein Erlebnis zur Sprache bringen

4. Auf der Ebene der <u>Geschichten</u> ist die Höhlengeschichte von zentraler Bedeutung für den Roman, weil der Erzähler damit klarmachen will, was er „selbst erlebt" hat (Nr. 3, S. 172). Die beiden Träume vom Militär, die der TS mitteilt, weisen auf ein Trauma hin (Nr. 5 und 12).

Viertes Heft (S. 202–233)

Fortlaufende Erzählung

Dieses Heft besteht – wie das zweite – wieder aus fortlaufender Erzählung, in der nur kurze Bezugnahmen auf die Gegenwartshandlung enthalten sind (S. 218, 221 f.). Die Einleitung läßt offen, inwieweit der TS verändert hat, was ihm erzählt wurde:

Vermischung der Erzählperspektiven

> Seine kleine Geschichte mit dem fleischfarbenen Kleiderstoff in Genua, die mein Freund und Staatsanwalt gestern erzählt hat, will mir nicht aus dem Kopf. Ich sehe ihn – nennen wir ihn Rolf – beispielsweise in seinem Nachtzug...

Das sieht ganz nach Erfindung aus. Gleichwohl verweist der TS immer wieder auf seine Quelle („...mein Staatsanwalt erzählt sie natürlich viel anschaulicher als ich": S. 204). Im einzelnen ergibt sich folgende Gliederung:

(1) <u>Rolfs Geschichte mit dem „fleischfarbenen Kleiderstoff" (S. 202–218)</u>: Warum er „blindlings" in einen Nachtzug gestiegen war, der ihn nach Genua brachte, kann der Leser nur ahnen. Die Hinweise auf den Anlaß („erträgt <u>es</u> sich vielleicht leichter") sind jedenfalls sparsam („Meine Frau läßt Sie grüßen": S. 31; oder die Antwort auf Rolfs Frage, mit wem er in New York zusammen gewesen sei: „Es war nicht ihre Gattin": S. 182). Der Leser kann nur ahnen, daß Stiller Sibylles Liebhaber war.

In Genua dreht man Rolf einen wertlosen Stoff an und betrügt ihn dabei um 20 000 Lire. Daraufhin sucht er – Stufe um Stufe herabsinkend – nach einem Käufer, um wenigstens sein Hotel bezahlen zu können. In Gedanken vergleicht er, was ihm geschehen war, mit seiner Theorie „einer vollkommenen Gleichberechtigung von Mann und Frau" (S. 209). Infolge eines Mißverständnisses hält er Sturzenegger, den Architekten ihres neuen Hauses, für den Liebhaber seiner Frau. Als dieser nämlich die Toledo-Geschichte seines Freundes Stiller zum besten gibt („Das war das erstemal, daß mein Staatsanwalt den Namen Stiller gehört hatte": S. 210), bezieht Rolf das auffällige Interesse seiner Frau an der Geschichte auf den Erzähler statt auf den Urheber. (Dazu vgl. S. 139–142)

Sein Erlebnis paßt nicht zu seiner Theorie

Die vier Tage in Genua führen Rolf zur Selbsterkenntnis, er entdeckt bei sich Sentimentalität, Primitivität, Spießigkeit,

Rolfs Selbsterkenntnis

> vor allem aber seine Unfähigkeit, eine Frau zu lieben, wenn er nicht ihr Götze war, zu lieben ohne Anspruch auf Dank, auf Rücksicht, auf Bewunderung und so weiter... (S. 211)

Er entdeckt auch, wie „unfähig er war, seine eigene Theorie zu leben" (S. 212), weil ihm seine Gefühle dazwischenkamen. An späterer Stelle wird er dann den symbolischen Sinn des Genua-Abenteuers deutlich machen:

Die Geschichte hat symbolische Funktion

> Die meisten von uns haben so ein Paket mit fleischfarbenem Stoff, nämlich Gefühle, die sie von ihrem intellektuellen Niveau aus nicht wahrhaben wollen. (S. 321)

(2) Notiz: Die Notiz unterbricht Rolfs Rückblick und führt in die Gegenwartshandlung zurück. Sibylle hat ein Mädchen geboren. Rolf ist wieder glücklich mit ihr. (S. 218)

(3) Rolfs Heimkehr (S. 218–221): Als Rolf spätabends in Zürich ankommt, wagt er nicht, unrasiert vor Sibylle zu treten, sondern nimmt sich ein Hotelzimmer. Am nächsten Tag ist er auf der Baustelle, wo er Sturzenegger trifft und ihn mit nachhause nimmt. Rolf leidet und versucht, „sein Gesicht zu wahren", während Sibylle, als sei nichts

Rolf versucht, das Gesicht zu wahren

gewesen, „die Komödie familiärer Sonntagsmorgenstille" spielt.

(4) Der TS gibt ein <u>Gespräch</u> mit dem Staatsanwalt wieder, in dem er ihn fragt, wann er erfahren habe, wer Sibylles Liebhaber gewesen sei; Antwort: „Als es zu Ende war ... als er verschollen war". (S. 221/222)

Äußerlich bleibt alles beim alten

(5) <u>Ein „zermürbender Sommer"</u> (S. 222–228): Die Ehegatten leben weiter zusammen, bemühen sich, „äußerlich alles beim alten" zu lassen. Das Haus wird fertiggestellt, in Fachkreisen als „ein Haus von konsequenter Modernität" gelobt. Rolf hat im Auto ein längeres Gespräch mit Architekt Sturzenegger, in dem er dem vermeintlichen Rivalen Verständnis signalisiert. Dieser beteuert vergeblich, „es müßte sich um einen Irrtum handeln". Doch „entweder hatte Rolf es nicht gehört oder nicht geglaubt". (S. 227)

Der Umzug findet ohne Sibylle statt

(6) <u>Sibylle geht</u> aus dem Hause (S. 228–233): Rolf stürzt sich in Arbeit, träumt aber wieder „von einem lotterigen Paket mit dem fleischfarbenen Kleiderstoff", d. h. er leidet. Der Umzug in das neue Haus findet ohne Sibylle statt, die „zu einer Freundin nach Sankt Gallen" gefahren ist. Rolf hat eine „Stinkwut" und schimpft mit den Packern, fragt sich, ob das Auspacken und Einräumen überhaupt lohne, revidiert seine ‚Theorie':

> Was heißt Unabhängigkeit der Partner, Selbständigkeit, Freiheit in der Ehe; ganz praktisch, was heißt das? Eine Gütergemeinschaft mit allerlei Gerät und mit Dienstmädchen, um das Gerät sauberzuhalten, das war der Rest... (S. 230)

Sibylle trennt sich von Rolf

Rolf hat Angst, Sibylle wiederzusehen. Und dieses Wiedersehen verläuft auch sehr unglücklich. Es findet in Rolfs Büro statt. Beide Ehegatten, in ihrem Stolz verletzt, finden nicht die richtigen Worte. Keiner ist bereit, auf den anderen zuzugehen. So reist Sibylle nach Pontresina, zu ihrem Liebhaber Stiller, wie Rolf glaubt. Als sie dann sonnengebräunt zurückkehrt und Rolf die Scheidung vorschlägt, schifft sie sich anschließend mit dem Sohn Hannes nach New York ein.

Auch Rolfs Bericht ist nicht ganz von Widersprüchen frei. Der TS weist in einem Einschub in Klammern darauf hin:

> Es stimmt also nicht ganz, was mein Staatsanwalt zuvor (d. h. auf S. 222. C. H.) behauptet hat; er wußte, wenn auch nicht durch Sibylle, den Namen ihres Freundes, bevor Stiller verschollen war. Ich erwähne das nur als Beispiel, daß selbst ein Staatsanwalt in seinen durchaus freiwilligen Berichten nicht ganz so widerspruchslos redet, wie sie es von unsereinem in den Verhören erwarten! (S. 231)

Hinweis auf Widersprüche in Rolfs Bericht

Hierdurch kompliziert sich die Frage nach der Zuverlässigkeit der Darstellung um eine Dimension: Nicht nur die Vermischung mehrerer Erzählperspektiven, sondern auch die Erwähnung der Möglichkeit, daß die Erinnerung der Erzähler trügt, erhöht die Anforderungen, welche der Roman an den Leser stellt.

Die thematischen Linien

1. Das Thema des <u>existentiellen Problems</u>, mit sich selbst in einer Krise zurechtzukommen, wird hier an einer Gegenfigur abgehandelt. Am Fluchtort erlebt Rolf seine Schwäche, gerät in Selbstzweifel, erkennt seine Fehler (Nr. 1, 3 und 6).

Auch Rolf flieht in einer Krise aus Zürich

2. Auf der Ebene des <u>Eheromans</u> entwickelt sich ein Kontrastgeschehen zur Ehe zwischen Stiller und Julika. Während dort der Mann seine Frau unter wenig schönen Umständen allein läßt, geht hier die Frau (samt dem gemeinsamen Sohn) aus dem Haus, übrigens wie Stiller nach Amerika (Nr. 5, 6).

Zwei Arten der Trennung von Ehegatten

3. Auf die Gegenwartshandlung des <u>Kriminalromans</u> verweisen nur kurze Textabschnitte (Nr. 2, 4).

4. Die Funktion einer <u>Geschichte</u>, in der sich Themen der Erzählung spiegeln, erfüllt hier Rolfs Schilderung seiner Erlebnisse mit dem Stoffpaket in Genua (Nr. 1). Darin wird das Auseinanderfallen von Gefühl und Intellekt symbolisiert, das für eine Lebenskrise bezeichnend ist.

Eine realistische Erzählung mit symbolischer Bedeutung

Fünftes Heft (S. 234–253)

Wie das erste und dritte Heft, zeigt auch das fünfte diverse Textabschnitte. Die Handlung spielt wieder im Gefängnis.

(1) Der TS berichtet von einer Begegnung „mit den führenden Kritikern des Städtchens", darunter einer Dame, der gegenüber sich Stiller „ganz unflätig benommen haben" muß. Der TS teilt das abschätzige Urteil der Dame über Stillers Kunst und führt als Beispiel jene Skulptur an, die er „neulich in einer öffentlichen Anlage selbst gesehen" hat (vgl. S. 80). (S. 234/235)

(2) Notiz: Julika hat vor ihrer Abreise einen Gruß hinterlassen. (S. 235)

(3) Der TS berichtet über ein Gespräch mit einem Professor Haefeli und seiner Frau, deren Sohn, ein begabter Pianist, der sich das Leben genommen hat, weil er mit seiner Homosexualität nicht fertig geworden war, oft von Stiller gesprochen hat. Dieser war für ihn jemand, von dem man lernen kann, „wie man mit seiner Schwäche lebt", während der Vater sich bemüht hatte, „ihn von seiner Schwäche zu trennen. Bis er sich selbst von seiner Schwäche hat trennen wollen..." (S. 235–240)

(4) Notiz: Julika schreibt aus Paris. (S. 240/241)

Man muß sein Versagen annehmen

(5) Der TS reflektiert: „Das Versagen in unserem Leben läßt sich nicht begraben ... es gibt keine Flucht..." Es gehe darum, das Versagen anzunehmen, ohne sich damit zu identifizieren. Um seine Rolle spielen zu können, müßte man „einen festen Punkt haben". (S. 241)

(6) Notiz: der Staatsanwalt fordert den TS auf, seine Gattin in der Klinik (vgl. S. 218) zu besuchen. (S. 241)

Die „Mechanik in den menschlichen Beziehungen"

(7) Der TS berichtet von einem Gespräch mit Willi Sturzenegger, der ihn im Gefängnis besucht, und kommentiert es als Beispiel für die seelenlose „Mechanik in den menschlichen Beziehungen":

> Es funktioniert alles wie ein Automat: oben fällt der Name hinein, der vermeintliche, und unten

kommt schon die dazugehörige Umgangsart heraus, fix und fertig, ready for use, das Klischee einer menschlichen Beziehung. (S. 242)

Sie spielen „eine volle Stunde lang". Sturzenegger
und Stiller führen ein Fachgespräch über Städtebau, in dem Stiller die Konzeptionslosigkeit beklagt:

> Was ist eure Idee hier? Die Geschichte wird nicht
> stehenbleiben, auch wenn die Schweizer es noch so
> wünschen. Wie wollt ihr, ohne einen neuen Weg zu
> gehen, ihr selber bleiben? Die Zukunft ist unver-
> meidlich. Wie also wollt ihr sie gestalten? Man ist
> nicht realistisch, indem man keine Idee hat. (S.
> 249)

Der TS zählt Sturzenegger zu den „Leute(n) der fidelen Resignation, die kein Ziel mehr haben außer
ihrer Bequemlichkeit..." (S. 241–249)

(8) <u>Traum</u> von Julika, die unter Zwang an Stiller
schreibt, ihn bittet, „sie von diesem Zwang zu erlösen". (S. 250)

(9) Der TS <u>berichtet</u> über seinen Besuch in der Klinik, wo Sibylle ihn fragt: „Warum bist du wieder
zurückgekehrt?" (S. 250/251)

**Frage an Stiller:
Warum bist du zu-
rückgekehrt?**

(10) Der TS <u>charakterisiert</u> den „verschollenen
Stiller" aufgrund der ‚Bildnisse', welche seine An-
gehörigen und Bekannten von ihm haben, als
„wohl sehr feminin": „Er ist ein Moralist wie fast
alle Leute, die sich selbst nicht annehmen... Er leidet an der klassischen Minderwertigkeitsangst aus
übertriebener Anforderung an sich selbst". (S. 251/
252)

**Stiller sei „wohl
sehr feminin"**

(11) <u>Notiz</u>: Der TS hat Zahnschmerzen und soll
deshalb „zum Zahnarzt von Herrn Stiller gebracht
werden". Doch der ist „vor kurzem verstorben".
Mit dem Besuch bei seinem Nachfolger wird das
‚Siebente Heft' der ‚Aufzeichnungen' beginnen. (S.
253)

Die thematischen Linien

Ein Selbstmörder, der vor seiner Schwäche geflohen war

1. Stillers <u>existentielle Problematik</u> findet eine Parallele in Alexander Haefeli, der vor seiner Schwäche, der Homosexualität, in den Selbstmord flieht (Nr. 3). Die Reflexion des TSs (Nr. 5) gehört dazu. Das Sturzenegger-Gespräch (Nr. 7) ist ein komisches Gegenstück zu Julikas Verhalten im ‚Ersten Heft' (Nr. 24, S. 55 ff. und Nr. 39, S. 77 ff.), das die Unfähigkeit zeigt, den anderen als Person wahrzunehmen. Die Charakteristik Stillers (Nr. 10) weist auf das Gespräch über Selbstüberforderung im ‚Siebenten Heft' (Nr. 3, S. 321 ff.) voraus.

Stiller besucht Sibylle

2. Der <u>Eheroman</u> wird durch die kurzen Notizen über Julika fortgesetzt (Nr. 2, 4, 8). Rolf ist in seiner Ehe wieder so sicher, daß er Stiller zu einem Besuch bei seiner Frau auffordert (Nr. 6, 9).

3. Die Gegenwartshandlung des <u>Kriminalfalls</u> wird in weiteren Konfrontationen des Häftlings mit Stillers Vergangenheit fortgeführt (Nr. 1, 7, 11).

Er erzählt keine Geschichten mehr

4. Nach der Höhlengeschichte im ‚Dritten Heft' (Nr. 3, S. 156 ff.) hat der TS keine <u>Geschichte</u> mehr erzählt. Nur die Reihe der Träume geht weiter (Nr. 8: Er soll Julika „erlösen").

Sechstes Heft (S. 254–316)

Kompositionsschema des Eheromans

Wieder folgt ein Heft mit längeren, geschlossenen Erzählpartien. Diesmal hat es die Liebesbeziehung zwischen Sibylle und Stiller zum Inhalt. So erhält der <u>Eheroman</u> des ersten Teils das folgende Kompositionsschema:

2. Heft: Die Ehe zwischen Julika Tschudy und Anatol <u>Stiller</u>	<u>4. Heft</u>: Die Ehe zwischen Rolf, dem Staatsanwalt, und <u>Sibylle</u>

<u>6. Heft</u>: Das Liebesverhältnis zwischen <u>Sibylle</u> und <u>Stiller</u>

(1) <u>Der Abend</u> in Stillers Atelier (S. 254–270): Sibylle hatte Stiller „auf einem sogenannten Künstler-Maskenball kennengelernt" (daher spricht Rolf von ihrem „Maskenball-Pierrot": S. 231) und war nun neugierig, „wie das geküßte Gesicht ohne Larve aussehen würde" (S. 256). Sie besucht ihn „nur auf einen Sprung" und möchte die Geschichte „mit dem russischen Gewehr" von ihm hören, die sie von Sturzenegger gehört hat (vgl. S. 210). Er aber lenkt ab und inszeniert mit ihr einen spanischen Stierkampf, in dem er den Stier verkörpert und ihr die Rolle des Toreros zuweist, in Umkehrung der in der Corrida enthaltenen Geschlechtersymbolik („Sie lachte über diese Rollenverteilung", aber „Stiller fand sie durchaus in Ordnung, diese Verteilung der Rollen": S. 257 f.). Stiller interpretiert den Kampf: „Grazie gegen rohe Kraft, Licht gegen Finsternis, Geist gegen Natur" (S. 260). Dann erzählt Stiller aus seinem Leben und kommt auf die Erlebnisse im Spanischen Bürgerkrieg zu sprechen. Zum erstenmal rückt Stiller mit seiner ‚Wahrheit' über die Episode am Tajo heraus. Seiner Meinung nach hat er sich als „Feigling", als „Verräter" der Kameraden erwiesen, als er den Befehl nicht ausführte und nicht auf die Faschisten schoß. Auch das Versagen vor Anja, der Freundin und Mitkämpferin, lastet auf ihm. Sibylle wendet ein: „Vielleicht hast du dich als jemand bewähren wollen, der du gar nicht bist." Aber Stiller geht nicht darauf ein: „Wozu diese Anekdote! Ich bin kein Mann":

> Jahrelang habe ich noch davon geträumt: ich möchte schießen, aber es schießt nicht – ich brauche dir nicht zu sagen, was das heißt, es ist der typische Traum der Impotenz. (S. 269)

Sibylle fragt sich, warum er nicht wirklich geliebt werden wolle, und übernimmt traurig „die Rolle…, die Stiller ihr aufzwang". Sie nimmt ihn einfach mit in irgendein Landhotel, um ihn aus seinen Gedanken zu reißen.

(2) <u>Die Zeit</u> nach der Liebesnacht (S. 270–276): Sibylle wundert sich, „daß man so ohne jede Brücke von der einen (Welt) in die andere gehen konnte". Sie holt ihren Mann vom Flugplatz ab („er

hielt es einfach für sein gutes Recht, am Flughafen eine wartende Gattin zu finden"). Sie nimmt es ihrem Mann übel, daß er nichts argwöhnt, will es ihm sagen, doch er ist es, der „sich Anwandlungen von Eifersucht" verbittet, „selbst wenn er zuweilen eine andere Frau auf Reisen" trifft (S. 275). Erst allmählich merkt er an Sibylles Verhalten, daß sie bei einem anderen gewesen ist. Er trägt es mit Fassung.

Es gelingt kein gemeinsames Handeln der Liebenden

(3) Die ‚obdachlose Liebe' (S. 276−281): Der Erzähler beschreibt das Verhältnis zwischen Sibylle und Stiller, wie es sich nun entwickelt, als „eine Liebe ohne Wohnung im Alltag". Im Atelier erinnert alles an Julika, und Sibylle hätte etwas darum gegeben, „eine gesunde Nebenbuhlerin zu haben". Deshalb schlägt sie eine Reise nach Paris vor. Auf dem Bahnsteig beschließen sie jedoch, daß Stiller zuerst nach Davos fahren solle, „um mit der kranken Julika in aller Offenheit zu reden". Sibylle ärgert sich nicht nur über „die bemerkenswerte Gefaßtheit ihres Mannes", sondern auch darüber, „wie selbstverständlich ihr lieber Stiller es hinnahm, daß alles, was Sibylle auf dem Leibe trug, von Rolf bezahlt war". Sie bittet ihren Mann um Geld: „Nämlich wir haben im Sinn, diesen Herbst zusammen in Paris zu verbringen", es sei angesichts seiner Berufung zum Staatsanwalt sicher besser, wenn sie in Paris lebten. Als er sagte: „Du mußt tun, was du für richtig hältst", und ging, heulte sie heimlich. Stiller „kam unverrichteter Dinge aus Davos zurück" und „ihr Glück war sehr kompliziert".

Rolf hält Sibylle nicht zurück

(4) Notiz: Der TS fragt sich, wie Stiller wohl die Tatsache aufnehmen würde, daß Sibylle „in jenem Sommer oder Herbst" (also 1945) ein Kind von ihm erwartet hat. (S. 281)

(5) Verstimmung zwischen den Liebenden (S. 282−288): Stiller ist mit den Vorbereitungen für eine Ausstellung beschäftigt, hat aber keinen Spaß daran und schimpft „über diese ganze Ausstellerei". Sibylle merkt: „Für Vaterschaft war er jetzt nicht zu haben." Auch beim Segeln – Sibylle denkt: „... er gefiel ihr schon sehr, dieser Mann, der vielleicht schon der Vater ihres zweiten Kindes

war" – redet er von der Ausstellung, streift, weil er nicht aufpaßt, eine Boje und entschuldigt sich („Rolf entschuldigte sich eigentlich nie; Rolf war selbstgerecht"). Sibylle denkt über die Männer nach: „Ich kenne sie, diese läppische Rücksicht auf lauter fremde Leute, bloß nicht auf die Frau, die euch liebt" (S. 285). Weil Stiller sie zur Paris-Reise auffordert, muß sie schnell entscheiden. Als sie mit Hannes im Zirkus ist, sieht sie eine Schokoladenverkäuferin: „Und das war für Sibylle wohl die größte Attraktion jenes Nachmittags: eine unabhängige Frau –" (S. 287). Als Sibylle merkt, daß Stiller nicht ihretwegen, sondern im Zusammenhang mit seiner Ausstellung nach Paris fährt, sagt sie „Nein" und läßt das Kind abtreiben.

Sibylles Schlüsselerlebnis: „Eine unabhängige Frau –"

(6) <u>Rolf und Sibylle gehen auseinander (S. 288–295)</u>: Rolf „kam sich betrogen vor, zum Narren gehalten, und damit war es für ihn zu Ende". Sibylle kommt zu ihm ins Büro, um Klarheit zu schaffen, will „sich an seine Brust werfen", bleibt „aber einige Schritte vor ihrem Gatten stehen, als käme sie nicht durch seinen Blick hindurch". In einem längeren Gespräch mit Rolf bringt sie ihre Kritik an ihrer Ehe auf den Punkt:

Wieder hält Rolf sie (gegen ihre Erwartung) nicht fest

> Spielraum in der Ehe, was heißt das? Ich will keinen Spielraum, ich will, daß ich für meinen Mann nicht „irgendeine" Frau bin... (S. 292)

Rolf entzieht sich diesem verdeckten Appell: „Du mußt tun, was du für richtig hältst" (vgl. S. 233). Sibylle fährt in den Winterkurort Pontresina.

(7) <u>Notiz</u>: Eine Konfrontation mit Wilfried Stiller ist angesetzt, ein Besuch am Grab der Mutter geplant. (S. 295)

(8) <u>Das ‚häßliche Ende' der Beziehung (S. 295–308)</u>: Am Telefon gibt Stiller „Töne von sich wie ein Pascha", erscheint dann persönlich in Pontresina. Sibylle macht ihm den allseits beliebten Kurgast vor: „Der Teufel gab ihr das Vokabular einer Person, der Stiller nicht zu antworten wußte" (S. 298). Ein Gespräch endet mit Sibylles Feststellung: „Ach Stiller..., ich habe dich wirklich sehr liebgehabt –" (S. 300). Dieser fährt zu Julika nach Davos. Als

er zurückkommt und sagt, er habe sich von ihr getrennt, erwidert Sibylle:

**Stillers Verhalten
Julika gegenüber
erscheint Sibylle
als Mord**

> „Getrennt?", fragte sie, „was heißt das? Du kannst
> sie doch nicht einfach –" Stiller kam ihr grausam
> vor, unmenschlich; seine Handlung entsetzte sie.
> Nun plötzlich, zum erstenmal, war Julika nicht ein
> fernes Gespenst, sondern eine wirkliche Frau, eine
> kranke, unglückliche, verlassene Frau, eine
> Schwester. „Stiller", sagte sie unwillkürlich, „das
> hättest du nicht tun sollen ... das ist doch Mord ..."
> (S. 301/302)

Sie kommt nicht mehr dazu, ihm die Abtreibung zu beichten, bringt ihn „am andern Morgen – nach einer Scherbennacht" – zum Bahnhof und hat ihn („den verschollenen Stiller") seither nicht mehr gesehen. (S. 307)

(9) <u>Eintrag</u>: Schlußverhandlung (mit Urteilsspruch) auf nächsten Dienstag festgesetzt. (S. 308)

**Sibylle muß ihr
Leben nun selbst
verantworten**

(10) <u>Sibylle in Amerika (S. 308–313)</u>: Sie ist zum ersten Mal in ihrem Leben „einsam und für sich selbst verantwortlich, abhängig von ihren eigenen Fähigkeiten, abhängig von der Nachfrage, abhängig von Laune und Anstand eines Arbeitgebers". Einmal meint sie, im Central Park Stiller gesehen zu haben. Mit den Leuten kommt sie gut aus:

> All diese offenen und so selbstverständlichen Leute, schien es, erwarteten nicht mehr von einer
> menschlichen Beziehung; sie brauchte nicht weiterzuwachsen, diese so freundliche Beziehung ...
> Sie haben ... nichts zu liefern als einen ebenso
> allgemeinen wie unverbindlichen Optimismus ...
> (S. 313)

Obwohl sie Mühe hat „mit dieser leutseligen Beziehungslosigkeit der allermeisten Amerikaner", denkt sie nicht an Rückkehr in die Schweiz.

**Sibylle fühlt,
daß sie bei Rolf
zuhause ist**

(11) <u>Rolf holt</u> seine Frau heim (S. 313–316): Eines Morgens ruft Rolf in Sibylles Büro an. Er ist eben in New York gelandet. Sie zeigt ihm die Stadt („‚Babylon!', meinte Rolf"), fühlt, „daß die Welt, wie groß sie auch sein mochte, keinen Menschen hatte, der ihr näher stehen könnte als dieser Rolf, ihr Mann ..."

Die thematischen Linien

1. Im Hinblick auf das Kernthema der <u>existentiellen Problematik</u> scheinen das Stierkampfspiel und die Toledo-Geschichte in ihrer authentischen Version (Nr. 1) die gefährdete Identität des Helden besonders kraß darzustellen. Der Leser denkt an das Trauma, das die Träume vom Militär verraten (sie handeln vom „Mitrailleur" Stiller: 3. Heft Nr. 5, S. 174f. und Nr. 12, S. 184). Sibylle in Amerika kann man als Gegenbild zu Stillers Rolle als Mr. White lesen (Nr. 10). **Stiller hält sich für einen Versager** **Sibylles Bewährung in Amerika**
2. In diesem Heft kreuzen sich die <u>Eheromane</u> der Paare Anatol Stiller/Julika Tschudy und Rolf/Sibylle (Nr. 2, 3, 4, 5, 6, 8 und 11).
3. Die Erzählung des <u>Kriminalfalls</u> wird durch kurze Notizen (Nr. 7 und 9) weitergeführt.
4. Die <u>Toledo-Geschichte</u> in dieser Version (Nr. 1; vgl. S. 139ff. und 210) hat für Stillers Identitätskrise wohl eine ähnliche Bedeutung wie die Höhlengeschichte. (S. 156–172) **Höhlengeschichte und Toledo-Geschichte gehören zusammen**

Siebentes Heft (S. 317–383)

Dieses letzte Heft der Aufzeichnungen Stillers im Gefängnis zeigt in einem ersten Teil das aus den Heften 1, 3 und 5 gewohnte Bild (Eintragungen unterschiedlicher Textart und Textlänge aus dem Gefängnisalltag), faßt aber in einem zweiten Teil (S. 344–383) die Geschehnisse des Tages der Schlußverhandlung zusammen.

(1) Der TS <u>berichtet</u> vom Zahnarztbesuch (vgl. S. 253). In einem PS. meint er: „Es genügt vollauf, wenn Julika, sie allein, mich nicht verwechselt." (S. 317–319)

(2) Der TS <u>berichtet</u> vom „Totentag" in Mexiko als Beispiel für „eine Hingabe an das unerläßliche Stirb und Werde". (S. 319–321)

(3) Der TS gibt ein <u>Gespräch</u> mit dem Staatsanwalt wieder, der das Kaputtgehen vieler Menschen an der „Selbstüberforderung" durch die „Diskrepanz" zwischen Gefühlen („Paket mit fleischfarbenem Stoff": vgl. S. 204–218) und Intellekt erklärt und „Selbstannahme" verlangt:

> In der Forderung, man solle seinen Nächsten lieben wie sich selbst, ist es als Selbstverständlichkeit enthalten, daß einer sich selbst liebe, sich selbst annimmt, so wie er erschaffen worden ist...

Doch sei Selbstannahme nicht möglich

> ohne die Gewißheit von einer absoluten Instanz außerhalb menschlicher Deutung, ohne die Gewißheit, daß es eine absolute Realität gibt...

Der TS fragt sich: „Warum sagt er nicht ‚Gott'?" (S. 321–324)

Vom Leser ist hier Bibelfestigkeit gefordert. Der Zusammenhang von Gottesliebe, Nächstenliebe und Selbstliebe sieht biblisch so aus:

> Ein Schriftgelehrter versuchte ihn und fragte: „Meister, welches ist das höchste Gebot im Gesetz?" Jesus aber antwortete ihm: „Du sollst den Herrn, deinen Gott, lieben von ganzem Herzen, von ganzer Seele und von ganzem Gemüt" (AT 5. Mose 6,5). Dies ist das höchste und größte Gebot. Das andere aber ist dem gleich: „Du sollst deinen Nächsten lieben wie dich selbst" (3. Mose 19,18). In diesen beiden Geboten hängt das ganze Gesetz und die Propheten (NT Ev. Matth. 22,34–40 = Ev. Mark. 12,28–31 = Ev. Luk. 10,25–28).

(4) Der TS <u>reflektiert</u> über das Gespräch. Was ihn von Gott trenne, sei seine Hoffnung, dieser werde ihn „zu einer reicheren, tieferen, wertvolleren, bedeutenderen Persönlichkeit machen". Und genau darin liegt das Problem:

> ...das ist es vermutlich, was Gott hindert, mir gegenüber wirklich eine Existenz anzutreten, das heißt erfahrbar zu werden. Meine conditio sine qua non: daß er mich, sein Geschöpf widerrufe. (S. 324)

(5) <u>Eintrag</u>: „Julika noch immer in Paris." (S. 324)

(6) Der TS berichtet vom Zusammentreffen mit Wilfried Stiller und dem Besuch am Grab der Mutter, mit der sie ganz verschiedene Erfahrungen gemacht haben. Wilfried kommt ihm wie ein „Mensch des natürlichen Daseins, nicht des Ausdrucks" vor. (S. 324–330)

(7) Wiedergabe eines kurzen Gesprächs mit dem Verteidiger, der nicht versteht, daß der TS es lächerlich fände, wenn er „gestehen würde", was man von ihm erwartet. (S. 330)

(8) Der TS reflektiert: Er fragt sich, wer seine Hefte lesen soll, und auch, ob man schreiben könne, „ohne eine Rolle zu spielen":

> Schreiben ist nicht Kommunikation mit Lesern, auch nicht Kommunikation mit sich selbst, sondern Kommunikation mit dem Unaussprechlichen... (S. 330/331)

(9) Eintrag: „Warum schreibt Julika nicht?" (S. 331)

(10) Der TS berichtet vom Besuch fünf ehemaliger Freunde des Verschollenen und fragt sich, was für ein Mensch er sein müßte, um den Erwartungen und Erinnerungen der Besucher zu entsprechen, „etwa wie ein fünfköpfiges Wesen", glaubt er. (S. 331–333)

(11) Der TS träumt von Julika, wieder im Bild des ‚Kreuzigens' (vgl. S. 63). (S. 333/334)

(12) Der TS reflektiert über die Schwierigkeit, „ein Wissen zu tragen, das" er „nimmer beweisen oder auch nur sagen kann". (S. 334)

(13) Eintrag: „Julika noch immer in Paris." (S. 334)

(14) Der TS schildert seine Erinnerungen unter dem Aspekt, daß er nicht fähig sei, allein zu sein:

Stiller kann nicht allein sein

> Irgendeinen inneren Ausweg fand ich stets, eine süße oder eine quälende Erinnerung, ein leidenschaftliches Gespräch mit einem unsichtbaren Menschen, den es meistens überhaupt nicht gab, doch ich erfand ihn, um nicht allein zu sein, oder Hoffnung auf eine großartige Begegnung an der nächsten oder übernächsten Straßenecke... (S. 335)

So war es bei seiner „Fähre am Tajo" (vgl. S. 139 ff., 210, 255 ff.), bei seiner Überfahrt als blinder Passagier nach Amerika, so war es nachts in New York, wenn das Radio lief:

> ... dazwischen Sinfonien oder doch wenigstens die Nußknacker-Suite von Tschaikowsky (vgl. S. 86 u. 140): damit ich nicht so allein war. Und war es nicht meine <u>grazile</u> Balletteuse, so war es doch ‚Little Grey‘, dieses <u>grazile</u> Biest von einer Katze... (vgl. S. 61 f. u. 187 ff.). (S. 339)

Haßliebe zu Julika

Damit sind seine Gedanken bei Julika, die er verwünscht (S. 338) und doch seine „einzige Hoffnung" nennt (S. 340). Mit ihr führt er einen inneren Dialog:

> Alles, aber wirklich alles, was uns an Leben noch möglich ist, hängt davon ab, ob wir, du und ich, über alles Gewesene hinaus zu einer Begegnung kommen... (S. 342)

Für ausgeschlossen hält Stiller es nicht, daß es zu einer solchen ‚Begegnung‘ noch kommt. (S. 334–343)

(15) <u>Notiz</u>: Der Verteidiger kündigt Julikas Ankunft an. (S. 343)

(16) Der TS <u>reflektiert</u> über das Scheitern seiner Versuche zu beten. Die Hoffnung, „durch Beten irgendwie verwandelt zu werden", sich selbst „zu entgehen", erkennt er als sein „Gefängnis". (S. 343)

Der Gerichtstag

Der Rest des Heftes besteht – wie die Hefte 2, 4 und 6 – aus längeren Erzählpartien, welche die Ereignisse des Tages der Schlußverhandlung zum Inhalt haben. Der Bericht hat drei Teile, die nach dem Gesetz ‚wachsender Glieder‘ angeordnet sind:

Der TS hat Knobel eine Lügengeschichte erzählt

(17) <u>Der Vormittag</u> (S. 344–348): Der Staatsanwalt bringt Licht in die Geschichte vom „Haarölgangster" (vgl. S. 25), die der TS im ‚Ersten Heft‘ der Aufzeichnungen dem Gefängniswärter Knobel erzählt hatte. Von dem Mord, den der TS angeblich begangen haben will, kann keine Rede sein. Als wahrer Kern der Geschichte bleibt nur, daß ein früherer Auftraggeber Stillers das Honorar für eine Porträtbüste schuldig geblieben ist. Der Staatsanwalt lädt den Angeklagten zum Mittagessen ein.

(18) Das Mittagessen (S. 348–355): Man fährt aufs Land. Der TS vermischt in seinen Aufzeichnungen Bericht, Gesprächswiedergabe, Schilderung und Reflexion. Die herbstliche Landschaft, die der TS kennt, läßt seine Gedanken in den Frühling zurückwandern, als ein junges Paar hier spazierengeht. Daß ihr Schuh im Morast steckenbleibt, erinnert den Leser an die Beschreibung einer Szene im 2. Heft (S. 88f.), den Beginn der Beziehung zwischen Stiller und Julika. Nun bezieht der TS die Erinnerung auf das Leben überhaupt:

Ein Bild des menschlichen Lebens zwischen Frühling und Herbst

> Für jedes Lebensalter, ausgenommen das kindliche, bedeutet die Zeit ein gelindes Entsetzen, und doch wäre jedes Lebensalter schön, je weniger wir verleugnen oder verträumen, was ihm zukommt, denn auch der Tod, der uns einmal zukommt, läßt sich ja nicht verleugnen, nicht verträumen, nicht aufschieben... (S. 350)

Der Staatsanwalt bittet ihn, bei der Verhandlung keine Schwierigkeiten zu machen. Der TS erwidert, er sei nicht Stiller, er könne „kein Geständnis machen", das ihm sein Engel „verboten hat". Man könne „davon ... nicht reden":

Ist der Engel das „Unaussprechliche"? (vgl. S. 64, 330)

> Sobald ich ihn zu schildern versuche, verläßt er mich, dann sehe ich ihn selber nicht mehr. Es ist ganz komisch; je genauer ich ihn mir vorstellen kann, je näher ich dazu komme, ihn schildern zu können, um so weniger glaube ich an ihn und an alles, was ich erlebt habe. (S. 355)

(19) Der Nachmittag (S. 355–383): Der TS beschreibt ausführlich Stillers Atelier (vgl. S. 254ff.), in dem der Lokaltermin stattfindet; auch das Porträt des Direktors, der vormittags beim Staatsanwalt war (vgl. S. 344ff.), wird erwähnt (S. 361). Für Herrn Stiller bestimmte Post liegt da, Briefe, Drucksachen, Amtliches. Im Gespräch mit dem Staatsanwalt, während sie auf Julika warten, kommt der TS noch einmal auf seinen Engel zurück:

> Ich meine natürlich nicht einen Engel mit Flügeln..., nicht einen Kunst-Engel wie in der Bildhauerei und im Theater. Kann sein, daß die Menschen, die dieses Bild des Engels einmal erfunden

haben, etwas Ähnliches erfahren haben wie ich, etwas ebenso Unsägliches. Ich weiß eigentlich nur, daß ich etwas erfahren habe – (S. 365)

Stiller will die Beziehung mit Julika unter veränderten Vorzeichen neu anfangen

Als Julika kommt, will ihr der TS klarmachen, daß sie, wenn sie ihn liebe, ja kein Geständnis von ihm brauche, daß er ihr verschollener Gatte sei. Er lasse sich nicht zwingen, deshalb „diesen ganzen Plunder ihres verschollenen Mannes zu übernehmen" (S. 369). Der Verteidiger befürchtet Schwierigkeiten und läßt einen langen Sermon zur Beschwichtigung los (S. 370–373), der alle gängigen Gemeinplätze der bürgerlichen Gesellschaft enthält. Dann bringt man einen Greis, der Stiller als seinen Sohn identifizieren soll („Ein netter Sohn, jaja, kümmert sich überhaupt nicht um mich": S. 374). Da packt den TS die Wut, und er zerschlägt alle Bildhauerarbeiten im Atelier. Julika steht da

> wie eine Siegerin, die ja nichts dafür kann, daß ich immer wieder unterliege, oder wie eine Mutter, eher noch wie eine Mutter, die ihren etwas unverbesserlichen Buben trotz allem so liebhat... (S. 377)

Stillers Selbstmordversuch

Der TS sieht, daß es jetzt an der Zeit wäre, „alles zu sagen, die Wahrheit zu sagen", fragt sich aber: „Was ist dieses mein Alles?". Er erzählt nun, daß er vor zwei Jahren versucht habe, sich das Leben zu nehmen, von Florence aber gerettet wurde, im Kampf zwischen Leben und Tod den Schrecken erlebt habe, den er ‚seinen Engel' nennt.

Der ‚Engel' führt ihn zu sich selbst

Im ‚Tagebuch 1946–1949' (Bibl. Suhrkamp 261, Frankfurt am Main 1970) erzählt Frisch von dem Puppenspieler Marion, den der Engel fragt, „was eigentlich er möchte" (S. 20). Als Marion wissen will: „Wo, wenn du ein Engel bist, führst du mich hin?", erwidert: „Zu dir –." (S. 180)

Einer der Träume, die der TS damals in der Klinik gehabt hat, handelt von ‚Little Grey', der Katze (vgl. S. 61 ff., 187, 194: „You should love her", 339 f.):

Die Katze – ein Bild für Julika

> Im Augenblick, da ich ‚Little Grey' erwürge, weiß ich, daß es gar nicht die Katze ist, sondern Julika, die lacht, ein Lachen, wie ich es nie an ihr gekannt habe... (S. 380)

46

(Der Vorwurf von Florence, er sei grausam, gilt seinem Verhalten der Katze gegenüber: S. 194, Sibylles Eindruck, er handle „grausam … unmenschlich", meint die Art, wie er Julika behandelt: S. 301.)

(20) Der TS <u>reflektiert</u> über seinen Selbstmordversuch: „Ich hatte ein Leben, das nie eines gewesen war, von mir geworfen." Es bleibe die Erinnerung „an eine ungeheure Freiheit", er sei „dem Wesen der Gnade nie (näher) gekommen", er habe „die bestimmte Empfindung" gehabt „jetzt erst geboren worden zu sein". (S. 381)

(21) Der TS gibt die <u>Einzelheiten des Urteils</u> an, in dem seine Identität mit dem verschollenen Anatol Ludwig Stiller festgestellt wird, und schließt mit dem Satz: „Mein Engel halte mich wach." (S. 381–383)

Die thematischen Linien

1. Das <u>existentielle Thema</u> wird in dem Gespräch über „Selbstüberforderung" so vertieft, daß auch die religiöse Problematik einbezogen ist (Nr. 3, 4). Der Tagebuchschreiber erkennt: „Wir haben die Sprache, um stumm zu werden" (S. 331: Vorausdeutung auf das ‚Nachwort' S. 387) (Nr. 8). Er spricht nun als Stiller, erzählt sein Leben ab 1946 (Nr. 14), schließlich von seinem Selbstmordversuch, den er als „Wiedergeburt" erfahren habe (Nr. 20). Den Wunsch, durch Beten ein anderer zu werden, erkennt er als sein „Gefängnis" (Nr. 16).

2. Der <u>Eheroman</u> erfährt eine Vertiefung, weil nun die Widersprüchlichkeit der Beziehung deutlich herausgearbeitet ist. Stiller sehnt sich nach Julika (Nr. 5, 9, 11, 13, 15), er vermag nicht allein zu sein, sie hatte ihn zur Rückkehr nach Europa bewogen („meine einzige Hoffnung": S. 340). Damit ist Sibylles Frage, warum er zurückgekehrt sei (S. 251), beantwortet. Stiller erwartet, daß es mit Julika „über alles Gewesene hinaus zu einer Begegnung" kommt (Nr. 14, S. 342). Doch Julika verrät ihn an seine Vergangenheit, seine alten

Rollen (Nr. 19). Der Spaziergang durch die Herbstlandschaft (Nr. 18) führt Stillers Gedanken an den Anfang ihrer Ehe zurück.

Mit der Urteilsverkündung ist die Kriminalhandlung zu Ende

3. Die Kriminalhandlung findet hier ihren Abschluß mit der Urteilsverkündung (Nr. 21). Die Abschnitte 1, 6, 7, 10, 12, 17 und 19 führen darauf zu, wobei die Begegnung mit den fünf Freunden (Nr. 10) auch die Identitätsfrage behandelt.

4. Noch einmal kommt die Toledo-Geschichte vor (Nr. 14), diesmal unter Betonung von Stillers „Schmach vor Anja", d. h. seiner Abhängigkeit von Frauen. Die Schilderung des Totentags in Mexiko (Nr. 2) gibt ein Gegenbild, von dem sich die Lebensprobleme Stillers und die Religiosität des Staatsanwalts (Nr. 3) abheben.

Zweiter Teil: Nachwort des Staatsanwalts (S. 387–438)

Wechsel von Erzähler und Erzählsituation

Dieser zweite Romanteil unterscheidet sich grundlegend von Stillers Gefängnistagebuch. Es wird fortlaufend erzählt in den Darstellungsweisen, die der Leser aus der erzählenden Gattung kennt (Bericht, Kommentar, Gesprächswiedergabe). Es gibt nur noch einen Erzähler, Stillers Freund Rolf, keine Vermischung der Erzählperspektiven mehr. Doch ist das Nachwort nicht einfach ein Anhängsel. Vielmehr sind noch Fragen des Lesers zu beantworten, welche in den ,Aufzeichnungen' offen geblieben sind. Wie wird es in der Ehe weitergehen? Was hat Stiller aus seinen Erfahrungen und Erlebnissen gelernt? Wie wird sich die Freundschaft zwischen Rolf und Stiller, wie die Beziehung der beiden Ehepaare zueinander entwickeln? Und vor allem: Was soll, was kann der Leser aus der ganzen Geschichte für Einsichten gewinnen?

Es sind noch Fragen des Lesers zu beantworten

Hat eine Entwicklung Stillers stattgefunden?

In einem einleitenden Abschnitt stellt der Erzähler die Entwicklung, die Stiller während der Untersuchungshaft genommen hat, so dar:

Sein Verstummen, wenn man es einmal so nennen will, war ja in der Tat ein wesentlicher, vielleicht sogar der entscheidende Schritt zu seiner inneren Befreiung... Es wurde möglich, sein Freund zu sein; Stiller war frei geworden von der Sucht, überzeugen zu wollen. (S. 387)

Wird hier eine Wandlung beschrieben oder will der Erzähler lediglich rechtfertigen, daß er nun das Wort ergriffen hat? Das ‚Nachwort‘ zeigt folgende Gliederung:

(1) Übergangszeit (S. 387–390): Das Ehepaar Stiller wohnt in einer kleinen Pension am Genfer See, „freundlich, daher eher wortarm, zwei Gefesselte mit der Vernünftigkeit, sich zu vertragen" (S. 390). Sie leben aus ihren Koffern. Als Rolf und Sibylle sie besuchen, stellt Stiller sie als „ein schweizerisches Inland-Emigranten-Ehepaar" vor. Zu einem Gespräch kommt es nicht. Danach bricht der Kontakt ab. Auf eine Büchersendung, „darunter ein Band Kierkegaard", erfolgt keine Antwort von den Stillers.

Der Kontakt bricht ab

(2) Ansiedlung in Glion (S. 390–399): Ein halbes Jahr später meldet ein Brief Stillers, daß sie in Glion bei Montreux eine ‚ferme vaudoise‘ (Gehöft im Kanton Waadt) gemietet haben, wo er mit der Herstellung von Keramik (‚Swiss pottery‘) Geld verdient, während Julika an einer Mädchenschule rhythmische Gymnastik lehrt. Hin und wieder muß Julika eine Kur machen, dann ruft Stiller bei Rolf an, er brauche seine Erläuterung bei der Kierkegaard-Lektüre. Oft bittet er nur: „Rede doch etwas, es ist ja egal, aber rede doch etwas!" (S. 395). Nach anderthalb Jahren kommt Rolf zu Besuch: „Und nach wenigen Schritten schon machte uns das Gespräch keinerlei Mühe mehr." Rolf beschreibt ausführlich das Chalet und fragt sich, wie Stiller, „ja, wie überhaupt ein Mensch, einmal seiner Erfahrung bewußt und also frei von allerlei nichtigen Erwartungen, sein Dasein aushält" (S. 398). Ihm fällt auf, daß Stiller nicht mehr wie früher dauernd von sich selbst redet. (S. 399)

Rolf fällt eine positive Veränderung auf

(3) Gespräch mit Julika (S. 399–406): „Trotz aller

Sympathie" weiß Rolf nicht so recht, was er mit ihr reden soll:

> Sie hatte vermutlich keine Ahnung davon, wie wenig sie sich mitteilte, und konnte es nicht fassen, wenn jemand ihre Zuneigung, ihre Freude an einem Wiedersehen oder an einem kleinen Geschenklein nicht erspürt hatte ... (S. 399)

Julikas Klage, daß Stiller sie nicht hört

Julika beklagt sich über Stiller, als Rolf ihr klarmachen will, daß ihr Mann auf ihre Anerkennung wartet:

> Ich weiß nicht ..., was er immer von mir erwartet. Hab ich es ihm nicht gesagt? Aber wenn er mich nicht hört! (S. 400)

Julika todkrank

Rolf wundert sich, daß sie Stillers Vorschlag, eine Ballettschule in Lausanne aufzuziehen, ablehnt. Als sie allein sind, verrät sie den Grund: „Er kann's nicht wissen, ich bin beim Arzt gewesen", der eine Lungenoperation für notwendig hält. Während des Gesprächs erleidet sie einen Anfall von Atemnot. Rolf hilft ihr, sie bittet ihn: „Sie dürfen es ihm nicht sagen!". Rolfs Eindruck:

Julikas Einsamkeit

> Ich glaube, nie einen einsameren Menschen gesehen zu haben als diese Frau. Zwischen ihrer Not und der Welt schien eine Wand zu sein, undurchdringlich, nicht Haltung allein, eher etwas wie eine Gewißheit, nicht gehört zu werden, eine alte und hoffnungslose, nie wieder zu tilgende, ebenso vorwurfsfreie wie unheilbare Erfahrung, daß der Partner doch nur sich selbst hört ... (S. 404)

Stillers Ahnungslosigkeit

(4) Festlicher Abend (S. 406): Als man zusammensitzt, fragt Stiller, wie Rolf Julika finde. „Ich meine gesundheitlich", sagt er. „Sieht sie nicht großartig aus?"

Rolf kritisiert Stillers ‚Aufzeichnungen'

(5) Rolfs Eindruck von seinem Besuch in Glion (S. 406–411): Rolf hat Stillers Aufzeichnungen im Gefängnis gelesen und stellt fest, daß „das Bildnis", welches sie von Julika geben, bestürzend ist:

> Es verrät mehr über den Bildner, dünkt mich, als über die Person, die von diesem Bildnis vergewaltigt worden ist. Ob nicht schon in dem Unterfangen, einen lebendigen Menschen abzubilden, etwas Unmenschliches liegt, ist eine große Frage. Sie trifft Stiller wesentlich. (S. 407)

Um die Wandlung zu beschreiben, die er bei Stiller festgestellt hat, greift er auf das Gespräch zurück, das der TS S. 321 ff. aufgezeichnet hat, das Thema der „Selbstannahme". Stiller fragt nicht mehr danach, „wofür wir ihn halten", habe keine „Angst vor Verwechslung" mehr. Wer noch nicht so weit sei, mache ja „mit seiner bornierten Angst, von uns zu einer falschen Rolle genötigt zu werden", „zwangsläufig auch uns borniert". Den Schritt der Selbsterkenntnis habe Stiller getan. Nun sei er dabei, „den zweiten und noch viel schwereren Schritt zu tun, herauszutreten aus der Resignation darüber, daß man nicht ist, was man so gerne gewesen wäre, und zu werden, was man ist". Doch vermißt Rolf bei ihm noch den dritten Schritt der Selbstannahme, „nämlich den Verzicht auf die Anerkennung durch die Umwelt". Der aber

Rolfs Theorie über den Prozeß der ‚Selbstannahme'

> wird nie möglich sein ohne die Gewißheit, daß unser Leben von einer übermenschlichen Instanz gerichtet wird, ohne wenigstens die leidenschaftliche Hoffnung, daß es diese Instanz gebe... (S. 408)

Rolf erläutert, was er im Vorwort mit dem Begriff ‚Verstummen' gemeint habe: Seine Angst sei „nicht mehr Darstellung seiner selbst" (vgl. S. 328 über Wilfried Stiller):

Ist Stiller „bei sich selbst angekommen"?

> Wie jedermann, der bei sich selbst angekommen ist, blickte er auf Menschen und Dinge außerhalb seiner selbst, und was ihn umgab, fing an, Welt zu werden, etwas anderes als Projektionen seines Selbst, das er nicht länger in der Welt zu suchen oder zu verbergen hatte. Er selbst fing an, in der Welt zu sein. (S. 409)

Nun wartet Rolf noch darauf, wie Stillers Ehe weitergehen würde:

> Selbstverständlich braucht die Beziehung zu einer Frau, im Sinn der Ehe, nicht immer dieser letzte Prüfstein zu werden; in diesem Fall war sie es geworden. (S. 410)

Und ihn beschleicht die „Angst, ob denn die Zeit hierfür noch ausreichte".

(6) Osterwanderung (S. 411–417): Im März wird Julika operiert. Rolf und Sibylle kommen zu Be-

Es ist Ostern, Auferstehungsfest

such und machen mit Stiller eine Osterwanderung durchs Welschland. Sie merken, daß Stiller nun auch akzeptiert hat, „Schweizer zu sein". (S. 414)

(7) Nachtgespräch zwischen den Männern (S. 417–430): Nach dem Abendessen, bei dem Stiller von seinem Klinikbesuch erzählt („es geht ihr sehr ordentlich"), geht man ins Obergeschoß schlafen. Rolf steigt gegen ein Uhr hinab und findet Stiller in Verzweiflung über Julika: „Ich habe diesen Menschen kaputt gemacht" und: „Ich begreife sie nicht. Das ist alles. Ich finde sie nicht. Dann hasse ich. Ganz einfach: ich krepiere, wenn ich nicht lieben kann, und sie –" (S. 420). Rolf wirft ihm seinen „mörderischen Hochmut" vor:

Stiller spricht von seiner Haßliebe zu Julika

> Diese Frau hat dich nie zu ihrer Lebensaufgabe gemacht. Nur du hast so etwas aus ihr gemacht, glaube ich, von allem Anfang an. Du als ihr Erlöser..., du wolltest es sein, der ihr das Leben gibt und die Freude. Du! In diesem Sinn hast du sie geliebt, gewiß, bis zum eignen Verbluten. Sie als dein Geschöpf. Und jetzt diese Angst, sie könnte dir sterben! Sie ist nicht geworden, was du dir erwartet hast. Ein unvollendetes Lebenswerk... (S. 423)

Stiller möchte von dem Freund wissen, worin seine Schuld bestehe. Rolf fragt, warum sie sich nicht getrennt hätten:

Rolf macht seinem Freund Vorwürfe

> Warum bist du seinerzeit zurückgekehrt? Ich denke, weil du sie liebst. Und weil wir ja nicht einfach, wenn's schiefgeht, auf ein anderes Leben hinüberwechseln können. Das vor allem. Es ist ja doch unser Leben, was da schiefgegangen ist. Unser allereigenstes und einmaliges Leben... (S. 425)

Auf Rolfs Feststellung, daß das Ehepaar Stiller „sich zum Kreuz" geworden sei, antwortet Stiller, indem er mit Anspielungen auf das Vaterunser und die Seligpreisungen der Bibel Rolfs religiöse Auffassung angreift. Er klagt und trinkt weiter, während Rolf bei seiner Deutung ihrer Ehe bleibt:

> Es gibt keine Änderung..., ihr lebt miteinander, du mit deiner Arbeit da unten im Souterrain, sie mit ihrer halben Lunge, so Gott will, und der einzige Unterschied: ihr foltert euch nicht mehr Tag für

Tag mit dieser irren Erwartung, daß wir einen Menschen verwandeln können, einen anderen oder uns selbst, mit dieser hochmütigen Hoffnungslosigkeit... Ganz praktisch: Ihr lernt beten für einander. (S. 430)

**Rolfs Rat:
Sie sollen
füreinander beten**

Stiller erwidert: „Beten will gelernt sein."

(8) <u>Fortsetzung des Nachtgesprächs (S. 430–435)</u>: Rolf fühlt sich überfordert durch die Aufgabe, „die über die Möglichkeiten einer Freundschaft hinausging". Als Stiller weint, versucht Rolf ihm klarzumachen, daß es unmöglich sei, sich „selbst anzunehmen, ohne so etwas wie Gott anzunehmen":

> Vielleicht hast du eine komische Vorstellung vom Gläubigsein; du meinst vielleicht, man sei sicher, wenn man gläubig ist, sozusagen weise und gerettet und so weiter. Du findest dich alles andere als sicher, so stehst du da und glaubst nicht, daß du gläubig bist. Ist es nicht so? Du kannst dir Gott nicht vorstellen, so redest du dir ein, daß du ihn nie erfahren hast... (S. 433)

Sich selbst annehmen bedeutet Gott annehmen

Als Stiller nicht antwortet, schließt er: „Du (hast) einfach Angst, Gott sei deine Erfindung..."

(9) <u>Julikas Tod (S. 435–438)</u>: Am Ostermontag fahren Rolf und Sibylle in die Klinik. Dort erfahren sie, daß Julika vor einer halben Stunde gestorben sei. Rolf wird zu ihr geführt und beschreibt sie ähnlich, wie sie dem Tagebuchschreiber bei der ersten Begegnung im Gefängnis erschienen war (vgl. S. 55). Rolf kommt sie vor

Ein Wesen, „das in seiner Zeit von niemand erkannt worden ist"

> als Bild eines vergangenen Wesens, das in seiner Zeit von niemand erkannt worden ist, am allerwenigsten von dem, der mit seiner menschlichen Liebe um sie gerungen hat. (S. 438)

Als sie zurückkommen, weiß Stiller sogleich, was passiert ist. Rolf bringt ihn dann in die Klinik, damit er sie noch einmal sehen kann. „Sie ist schön", waren Stillers Worte, als er zurückkam. Rolf bleibt noch einige Tage, um ihm zu helfen, und reist dann ab:

> Wir sahen einander dann und wann; seine nächtlichen Anrufe blieben aus, und seine Briefe waren karg. Stiller blieb in Glion und lebte allein.

Die thematischen Linien

Das Existenz-problem wird unter religiösen Aspekten behandelt

1. Die Linie der <u>existentiellen Problematik</u> wird hinsichtlich ihres religiösen Zusammenhangs (unter Bezugnahme auf das vom TS berichtete Gespräch S. 321 ff.) intensiviert (Nr. 7 und 8). Dabei wird auch die Frage nach Stillers Schuld erörtert (S. 425). Rolf hat eine bestimmte Vorstellung davon, wie jemand zur „Selbstannahme" kommen müsse (Nr. 5). Die Problematik wird nicht gelöst, das Ende bleibt offen.

Analyse einer mißlungenen Ehebeziehung

2. Der <u>Eheroman</u> geht damit weiter, daß die Ehegatten wieder zusammenleben und einen gemeinsamen Neuanfang machen (Nr. 1, 2). Doch gelingt die Ehe nicht, weil Julikas mangelnde Mitteilungsfähigkeit (Nr. 3) und Stillers Ich-Bezogenheit und Ahnungslosigkeit (Nr. 4) eine Verständigung verhindern. Der Eheroman (Nr. 3, 7 u. 8 dienen der Analyse der Beziehung) findet durch Julikas Tod (Nr. 6, 9) ein natürliches Ende.

3. Der <u>Kriminalroman</u> ist mit der Urteilsverkündung (S. 381 ff.) zuende. Zu Beginn des ‚Nachworts' wird nachgetragen, daß die Überprüfung des Alibis für den Stichtag 18. 1. 1946 (vgl. S. 18, 195, 382) die Unschuld des Untersuchungshäftlings erwiesen habe (S. 387 f.).

4. Das Fehlen von <u>Geschichten</u>, in denen sich Figuren, Ereignisse, Probleme der Romanhandlung spiegeln, ist durch den Wechsel des Erzählers bedingt. Während der Tagebuchschreiber ‚keine Sprache für seine Wirklichkeit' hat (S. 84) und deshalb Geschichten erzählt, in denen das vorkommt, was er „selber erlebt" hat (S. 172), verläßt sich der Verfasser des ‚Nachworts' auf seine Theorien, mit denen er sich und anderen die Wirklichkeit zu erklären versucht (vgl. die drei Stufen der „Selbstannahme": S. 408). Geschichten sind immer konkret, zeigen das Allgemeine am Sonderfall; Rolf dagegen verallgemeinert gern („Ich sehe Stiller nicht als Sonderfall": S. 322).

2. Erzähl- und Zeitstruktur

Die Erzählstruktur

Der Untersuchungsgefangene White, der den Auftrag erhält, einen Lebenslauf zu verfassen, ist das Erzähl-Ich des ersten Romanteils (S. 9–383). Er wird im Gefängnis ständig mit dem Leben Stillers konfrontiert. Daher mischen sich in seinen ‚Aufzeichnungen im Gefängnis‘ Erlebnisse aus dem Gefangenenalltag, Rückblicke auf seine Amerikajahre und Geschichten, die er seinem Wärter oder anderen Besuchern erzählt, mit Berichten über das Leben Stillers, wie es ihm Verwandte und Bekannte des als verschollen geltenden Bildhauers bei ihren Besuchen schildern. Der eigentliche Romanheld, um den sich alles dreht, ist also Stiller. Aus den in den ‚Aufzeichnungen‘ wiedergegebenen Zeugenaussagen und den eingefügten Kurzerzählungen (die nur scheinbar mit der Handlung nicht zusammenhängen) wird aber – wider den Willen des Erzählers – deutlich, daß das Erzähl-Ich White mit dem Romanhelden Stiller identisch ist. Die Hauptperson wird sozusagen an Hand ihrer eigenen Selbstdarstellung überführt, ja verrät sich zuletzt selber dadurch, daß die ‚Aufzeichnungen‘ Abschnitte aus Stillers Autobiographie enthalten (S. 334–343: Überfahrt nach Amerika; S. 378–381: Selbstmordversuch). Aber es dominiert die einzigartige Erzählsituation, daß ein Mensch über sich selber wie über einen Fremden berichten, sich selbst von außen betrachten kann.

Nachdem die Identität des Verfassers der ‚Aufzeichnungen‘ mit dem verschollenen Stiller erwiesen ist, übernimmt im zweiten Romanteil ein anderer die Rolle des Ich-Erzählers, so daß die Stiller-Handlung gleichsam objektiviert werden kann. Denn der Leser möchte, wenn er an das Ende der ‚Aufzeichnungen‘ gelangt ist, noch wissen, wie es weitergehen, was der Romanheld mit der Chance eines Neubeginns wohl anfangen wird.

Erzähl-Ich White und Romanheld Stiller

Das Erzähl-Ich überführt sich selber

Einzigartige Erzählsituation: ein Mensch berichtet über sich selber wie über einen Fremden

Wechsel des Ich-Erzählers im zweiten Teil

Es sind drei Merkmale der hier beschriebenen Erzählstruktur, welche dazu führen, daß an die Mitwirkung des Lesers besondere Anforderungen gestellt werden:

1. Die perspektivischen Brechungen

Stiller erscheint in Spiegelungen

wechselnde Perspektiven

Zwei Arten der Multiperspektivität

Das Leben Stillers vor seiner Flucht erscheint im Roman nicht in einheitlicher, kontinuierlicher Darstellung, sondern in einer Reihe von Spiegelungen, muß vom Leser aus zahlreichen, z. T. das gleiche unter wechselnder Perspektive mitteilenden Zeugnissen rekonstruiert werden.

Die Multiperspektivität, in der die Titelfigur dem Leser dargeboten wird, ist von zweierlei Art. Einmal wirken an der Geschichte, welche der TS von Stiller erzählt, zahlreiche andere Erzähler mit, so daß der Leser nie genau weiß, von welchem Erzähler eine bestimmte Aussage über den Titelhelden stammt. Fest steht eigentlich nur, daß jede Aussage durch den Ich-Erzähler der ‚Aufzeichnungen im Gefängnis‘ vermittelt wird. Zum zweiten wechselt dieser Ich-Erzähler seine Rollen. Klar ist hier nur, daß er an einer bestimmten Stelle (S. 334: „Meine Lage wird unhaltbar") die White-Rolle aufgibt und als Stiller, also sozusagen autobiographisch spricht.

1. Auf den ersten Seiten des ‚Zweiten Heftes‘, das von der „Beziehung zwischen der schönen Julika und dem verschollenen Stiller" handelt (S. 86), unterbricht der TS sich einmal mit der Bemerkung:

> Ich will aber versuchen, in diesen Heften nichts anderes zu tun als zu protokollieren, was Frau Julika Stiller-Tschudy, der ich so gern gerecht werden möchte, schon damit sie mich nicht für ihren Gatten hält, mir oder meinem Verteidiger von ihrer Ehe erzählt hat... (S. 90)

56

Julika hat also – vermutlich in der Ich-Form – zwei Personen von ihrer Ehe erzählt, einmal dem TS direkt, aber auch dem Verteidiger Dr. Bohnenblust, der es dann dem TS mitgeteilt hat. Der Text hat sozusagen drei Verfasser, von denen der TS verantwortlich zeichnet. Doch gehen in den Text noch andere „Meinungen" ein, z. B. gab es „Leute, die ihn nie für einen Künstler hielten" (S. 91), während Julika an ihn glaubte. Von hier aus läßt sich die Multiperspektivität des Erzählvorgangs in folgendem Schema veranschaulichen:

Mehrere ‚Verfasser' sind an der Erzählung beteiligt

Erzählvorgang:

Gegenstand der Erzählung:

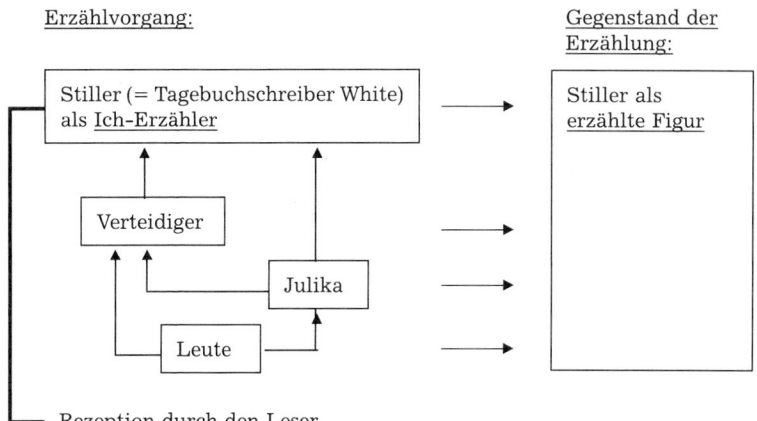

Stiller (= Tagebuchschreiber White) als Ich-Erzähler

Verteidiger

Julika

Leute

Rezeption durch den Leser

Stiller als erzählte Figur

Auf diese Weise bleibt z. B. völlig offen, aus welcher Quelle die Diagnose der ehelichen Beziehung auf S. 89 („Sie brauchten einander von ihrer Angst her") stammt, woher der TS von der auf S. 111 wiedergegebenen Äußerung der befreundeten Kinderärztin weiß („einmal unter vier Augen sagte") oder wie die Beschreibung von Stillers Charakter auf S. 251/252 zustande gekommen ist („er ist wohl sehr feminin").

2. Sehr spät erst wird der Leser durch einen Hinweis darauf aufmerksam gemacht, daß auch beim Ich-Erzähler selbst die Perspektive oft wechselt:

Rollenwechsel des Ich-Erzählers

Dann frage ich mich auch: Kann man schreiben, ohne eine Rolle zu spielen? Man will sich selbst ein Fremder sein. Nicht in der Rolle, wohl aber in der unbewußten Entscheidung, welche Art von Rolle ich mir zuschreibe, liegt meine Wirklichkeit. Zuweilen habe ich das Gefühl, man gehe aus dem Geschriebenen hervor wie eine Schlange aus ihrer Haut... (S. 330)

Wenn man nun auf die verschiedenen ‚Rollen‘ oder ‚Häute‘ des Tagebuchschreibers achtet, kann man etwa folgenden Katalog aufstellen:

– White, der Tagebuchführer, der über den Alltag im Gefängnis berichtet und die Gespräche, die er mit seinen Besuchern (Verteidiger, Staatsanwalt, Bruder, Freunde und Bekannte von Stiller, Julika u. a.) führt, getreulich aufzeichnet.
– White, der Weltreisende, der meisterhaft von Land und Leuten ferner Gegenden zu erzählen weiß (z. B. Mexiko S. 26–30 und 46–48, New York S. 179–182, Oakland S. 187–194).
– White, der ‚Protokollant‘, welcher gegenüber der erzählten Welt auf Abstand bleiben möchte (S. 90: „nichts anderes zu tun als zu protokollieren“; S. 107: „Ich habe kein Verlangen danach, den Friedensrichter zu spielen“; S. 89: „Als Fremder hat man den Eindruck“; S. 289: „Ich protokolliere“).
– White, der Teufelskerl, der den Zollbeamten ohrfeigt (S. 9 ff.), nach Whisky schreit (S. 9, 20, 45) und seinem Gefängniswärter Mordgeschichten erzählt (S. 24 ff., 50 ff., 157 ff.).
– White, der ‚Dichter‘, der mit den Figuren, die ihm etwas erzählen, in Wettstreit tritt (S. 202: „Ich sehe ihn – nennen wir ihn Rolf – beispielsweise in seinem Nachtzug ...“; S. 204: „Die Geschichte mit dem Kleiderstoff – mein Staatsanwalt erzählt sie natürlich viel anschaulicher als ich! –“) und auch – nach Art eines allwissenden Erzählers – entsprechende literarische Techniken verwendet, z. B. ‚Erlebte Rede‘ (S. 91: „Was wollte er nur immerzu von ihr?“), ‚Inneren Monolog‘ (S. 283: „Haben Männer denn überhaupt keine Scham?“), Erzählerkommentar (S. 93: „In

solchen Augenblicken erschrak sie über ihn; Stiller schien in solchen Augenblicken zu vergessen…"), Sentenz (S. 330: „Freunde müssen einander verstehen, um Freunde zu bleiben; Brüder sind immer Brüder").

- White, der Philosoph, der über die Rätsel der menschlichen Existenz nachdenkt (S. 64: Das ‚Unaussprechliche'; S. 69: Leben als „Wiederholung"; S. 199: Der „Schritt in den Glauben"; S. 241: Leben als „Versagen"; S. 324: Erfahrbarkeit Gottes; S. 330: Das ‚Unaussprechliche'; S. 343: ‚Ergebenheit' ist nötig). Die Nähe zu den Gedanken Kierkegaards, des Philosophen, dem er das Motto entnommen hat (S. 8), ist deutlich.

- White, der seine „Lage" als „unhaltbar" erkennt (S. 334), den Widerstand aufgibt und deshalb in der Rolle Stillers weitererzählt (S. 334: „Es ist ja nicht wahr: – ich kann nicht allein sein…").

Je nach der Rolle, in welcher der TS jeweils erzählt, wechselt die Perspektive, in der die Ereignisse und Figuren der Handlung erscheinen. Wo der Gefangene mit Sturzenegger über modernen Städtebau streitet, macht dieser einen schlechten Eindruck (S. 241–249), wo der Protokollant ihn als Hausarchitekten des Staatsanwaltsehepaars vorstellt, findet er Stillers Lob (S. 260 f.). Andererseits wird die Sichtweise des Berichterstatters auch durch die Person des jeweiligen Informanten bestimmt. So erscheint die Abschiedsszene der Eheleute Rolf und Sibylle einmal in der Perspektive des Mannes (S. 232 f.), dann aber so, wie die Frau sie erlebt hat (S. 280 f.). Die durch den Rollenwechsel des Erzählers bedingte unterschiedliche Perspektive hat nicht nur eine inhaltliche Konsequenz, sondern auch ihre stilistische Eigenart. Wo der ‚Teufelskerl' White von der Mulattin Florence erzählt (S. 50–55), verwendet er die Klischees billiger Romane („ihre Augen sind wie Tollkirschen, ihre Haut wie Kaffee": S. 55). Als der Weltreisende von ihr berichtet, stellt er sie in ihren sozialen Rahmen hinein (S. 187–194) und beschreibt Hochzeitsparty und Gottesdienst in der Sprache genauer und kritischer Beobachtung. In der Erzählung vom mißlun-

Mit der Rolle wechselt die Perspektive

Perspektivenwechsel in inhaltlicher und stilistischer Hinsicht

genen Selbstmordversuch (S. 378–381), die der TS
in der Rolle Stillers gibt, erscheint Florence als seine Retterin („über mir das Antlitz von Florence, die
als einzige den Schuß gehört hatte": S. 379). Die
Sprache konzentriert sich ganz auf die Wiedergabe
innerer Vorgänge („Einmal besuchte mich Florence,
die Mulattin, in jenem City-Hospital; ich verstand
sie recht genau, ohne meinerseits mehr als verein-
zelte Wörter sprechen zu können": S. 380). In der
wechselnden Perspektive des Ich-Erzählers bietet
also Florence einmal das Bild eines ‚Teufelsweibs‘
(„ein Geschöpf, schön wie ein Tier": S. 54), dann
tritt sie im Rahmen ihrer Familie als Typus der far-
bigen Subkultur auf („... hatten Mutter und Tochter alle vier Hände voll zu tun": S. 189). Schließlich
wird sie in Stillers Selbstmorderzählung zur Sama-
riterin und Zeugin seiner Grenzsituation.

Diese multiperspektivische Erzählweise erinnert
an die Darstellungstechnik der kubistischen Maler,
welche das menschliche Gesicht in mehrperspekti-
vische Aufnahmen zerlegen und diese im Werk miteinander kombinieren, so daß dem Betrachter meh-

rere Sichtweisen zugleich angeboten werden. Es
liegt hier eine besondere Verwendungsweise der
Ich-Erzählsituation vor, die sich von der Tradition
unterscheidet:

Da das gesamte Geschehen auf der Ebene des Kriminalromans, in dem die Lebensgeschichte Stillers
enthüllt wird, in der Ich-Form dargestellt ist, kann
das Ergebnis der Beweisführung nicht eindeutig
sein. Stiller ist ja an der Ver- und Entschleierung
seiner Identität persönlich beteiligt. Die Ich-Form
hat dadurch, daß sich der Autor auf diese Weise
vom erzählenden Ich distanziert, die ihr von der
Gattungsgeschichte her eigenen Merkmale einer
festen Perspektive, bekenntnishafter Eindeutigkeit
oder auch bloß dokumentarisch berichtender
Funktion (‚Augenzeuge‘) verloren. Sie dient nun
der Ich-Erkundung des Erzähl-Ichs, vermeidet
klare Urteile und Wertungen und macht den Raum
für Deutung frei. An dieser Erkundung wird der
Leser durch die formale Anlage des Romans mitbe-
teiligt, die sich graphisch folgendermaßen veranschaulichen läßt:

I. Teil

Protokolle   *Tagebuch*

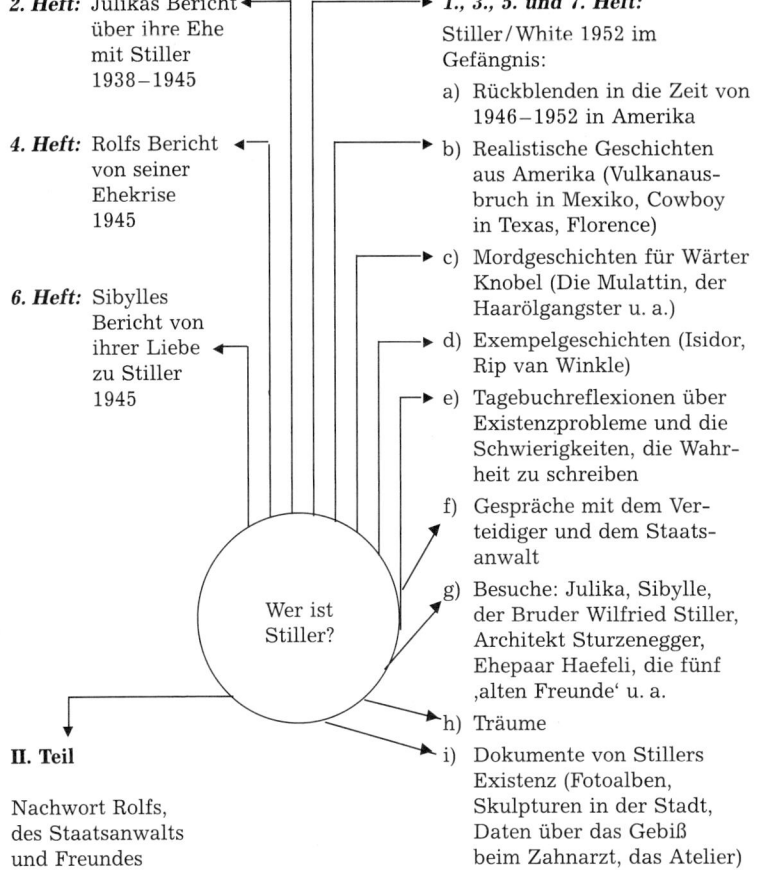

2. Heft: Julikas Bericht   **1., 3., 5. und 7. Heft:**
über ihre Ehe   Stiller/White 1952 im
mit Stiller   Gefängnis:
1938–1945
                                  a) Rückblenden in die Zeit von
                                     1946–1952 in Amerika

4. Heft: Rolfs Bericht   b) Realistische Geschichten
von seiner   aus Amerika (Vulkanaus-
Ehekrise   bruch in Mexiko, Cowboy
1945   in Texas, Florence)

                                  c) Mordgeschichten für Wärter
                                     Knobel (Die Mulattin, der
6. Heft: Sibylles   Haarölgangster u. a.)
Bericht von
ihrer Liebe   d) Exempelgeschichten (Isidor,
zu Stiller   Rip van Winkle)
1945
                                  e) Tagebuchreflexionen über
                                     Existenzprobleme und die
                                     Schwierigkeiten, die Wahr-
                                     heit zu schreiben

                                  f) Gespräche mit dem Ver-
                                     teidiger und dem Staats-
                                     anwalt

                     Wer ist   g) Besuche: Julika, Sibylle,
                     Stiller?   der Bruder Wilfried Stiller,
                                     Architekt Sturzenegger,
                                     Ehepaar Haefeli, die fünf
                                     ,alten Freunde' u. a.

                                  h) Träume

II. Teil   i) Dokumente von Stillers
                                     Existenz (Fotoalben,
Nachwort Rolfs,   Skulpturen in der Stadt,
des Staatsanwalts   Daten über das Gebiß
und Freundes   beim Zahnarzt, das Atelier)

61

2. Die Auflösung des Handlungsstranges

Der Autor will sich nicht auf bestimmte ‚Aussagen' festlegen lassen

Zu den erzähltechnischen Formen, mit denen Frisch versucht, eine eindeutige, definitive Auslegung zu verhindern, einer Festlegung auf bestimmte ‚Aussagen' zu entgehen, gehört auch die Zerschlagung des Haupthandlungsstranges (Stillers Lebensgeschichte) in eine Fülle verschiedenartiger Prosaformen: Anekdote, Kurzgeschichte, Märchen, Skizze, Notiz, Reflexion, Aphorismus u. a. Der Autor scheint bemüht, die durchgehende Haupthandlung in Fragmente zu zerstückeln. Dort, wo die Handlung allzu glatt dahinfließt und daher droht, den Anschein des Einzig-Möglichen und Unanzweifelbaren zu bieten, bricht der Erzähler bisweilen jäh ab („Setzen Sie sich": S. 15), endet mit einem „usw." (S. 18) oder mit drei Punkten (S. 24, 39, 45). Umgekehrt wird unter „P.S." (= Postskriptum, d. h. Nachtrag) etwas nacherzählt oder zuvor Erzähltes kommentiert (S. 24, 40, 64 u. ö.). Was für ein Zweck mit dieser absichtlichen Unfertigkeit der Hauptfabel verbunden wird, tritt in den nur scheinbar zufällig eingefügten Kurzgeschichten und Schilderungen von Stillers amerikanischen Erlebnissen klar zutage. Sie variieren nämlich dieselben Themen, die für die Haupthandlung entscheidend sind. So wird in der Isidor-Geschichte (S. 41–45) Stillers „Angst" vor der „Wiederholung" (S. 68) behandelt; das Märchen von Rip van Winkle (S. 70–76) hat die Frage, „wer er denn selber wäre" (S. 76) zum Thema; in der Höhlengeschichte (S. 157–172) geht es darum, daß ein Verschollener verwandelt ins Leben zurückkehrt. Für den Leser enthalten diese Einlagen – auch die Wildwestparodien, die der Gefangene dem Wärter Knobel erzählt (S. 25, 50–55) – Deutungsangebote, wie sie im traditionellen Roman der ‚allwissende' Erzähler in seinen, z. T. umfangreichen Kommentaren mitzuteilen pflegt. Solche Deutungsangebote sind auch in den zahlreichen Träumen enthalten, die der Ich-Erzähler wiedergibt (S. 63, 174 f., 184, 250, 380 f.), und in dem Motto aus dem Buch ‚Entweder-Oder' von Kierkegaard, das er auf die erste

Absichtliche Unfertigkeit der Hauptfabel

Eingefügte Geschichten variieren die Romanthemen

Deutungsangebote an den Leser

Seite der Kladde setzt, in die er seine ‚Aufzeichnungen' schreibt.

Diese, den Leser als Mitwirkenden bei der Suche nach Sinn miteinbeziehende Erzählweise weist darauf hin, daß hier eine wichtige Voraussetzung weggefallen ist, welche noch die Denkart und Wahrnehmungsweise der Epochen des Realismus und Naturalismus bestimmt hat, nämlich der Glaube an die Welt als ein übersichtliches, einheitliches und geordnetes Gefüge, von dem aus Ereignisse, charakterliche Eigenschaften, menschliche Handlungen wert- und sinnmäßig gedeutet werden oder wenigstens als verständlich erscheinen konnten. Max Frisch hat diesen Verlust in seinem ‚Tagebuch 1946–1949' in die folgende Frage gekleidet:

> Wir haben eine Quantenlehre, die ich nicht verstehe, und keiner ist aufzutreiben, der alles zusammen versteht, keiner, der unsere ganze Welt in seinem Kopf trüge; man kann sich fragen, ob es überhaupt eine Welt ist. Was ist eine Welt? Ein zusammenfassendes Bewußtsein. Wer aber hat es? (a. O. S. 121)

Der Auflösung der fortlaufenden Erzählung in einzelne Erzählfragmente und der Zerlegung der Figuren in unterschiedliche Spiegelungen entspricht erzähltechnisch das Abrücken von der Chronologie als Anordnungsprinzip des Erzählstoffs. Mit dem chronologischen Anordnungsprinzip wird die objektive, meßbare Zeit nachgeahmt. Zu ihr steht die subjektive, erlebte, menschliche Zeit in Spannung, welche Kontinuitäten und Zusammenhänge herstellt zwischen Vergangenheit, Gegenwart und Zukunft, also zeitlich weit auseinanderliegende Dinge in einem Gedanken zu verbinden weiß. Im ersten Romanteil schieben sich – wie im menschlichen Bewußtsein – verschiedene Zeitebenen übereinander:

1. Die Zeit der erzählten Ereignisse (Stiller in Spanien, Ehe mit Julika, Liebschaft zwischen Stiller und Sibylle, Stillers Überfahrt und Amerikaaufenthalt, Versöhnung zwischen Rolf und Sibylle).
2. Die Zeit, in der die verschiedenen Erzähler (Julika, Rolf, Sibylle) dem TS über jene Ereignisse berichten.

3. Die Zeit, in welcher der TS diese Berichte in der Untersuchungshaft niederschreibt.

Diese Zeitebenen gehen oft in einem einzigen Satz eine Verbindung ein, z. B. am Anfang des Berichts vom Auseinandergehen Sibylles und Stillers in Pontresina:

Ein Beispiel für die Vermischung der Zeitebenen

> Das Ende scheint häßlich gewesen zu sein, und ihr Abschied von Stiller – wir können noch so deutlich einsehen, daß eine Sache zu Ende ist; der Abschied muß ja dennoch vollstreckt werden! – ging leider (so sagt Sibylle) nicht ohne schwere Demütigungen, nicht ohne Erniedrigung auch ihrer selbst. (S. 295)

Der Satz handelt von Sibylles Abschied von Stiller 1945 (Ebene 1), wie Sibylle ihn dem Verfasser der ‚Aufzeichnungen' 1952 erzählt, als er sie auf einem Freigang im Krankenhaus besucht (Ebene 2: „So sagt Sibylle"). Heimgekehrt in seine Zelle schreibt er dann diesen Text in seine Kladde (Ebene 3). Dabei fügt er noch eine sentenzartige Bemerkung ein („wir können noch so deutlich einsehen...“). Daß Sibylle ihm die im 6. Heft (S. 254–316) berichteten Geschehnisse beim Krankenhausbesuch erzählt, ist dem Leser rechtzeitig signalisiert worden. Einmal unterbricht der TS sogar seinen Bericht von Rolfs Ehekrise zu diesem Zweck (S. 218), schließlich wird durch die Bemerkung des TSs auf das 6. Heft vorausgedeutet: „...meine Schweigsamkeit (was hätte ich sagen sollen?) trieb sie ihrerseits zum Erzählen" (S. 251). Insgesamt ergibt sich eine Reihe von fünf solchen Hinweisen auf das 6. Heft:

Eine ‚Längsachse' von Hinweisen auf das 6. Heft

> „Ja", sagt mein Staatsanwalt, „wovon sind wir eigentlich ausgegangen?"
> „Daß Ihre Frau ein Kind erwartet."
> „Ja", sagt er, „wir freuen uns sehr."
> „Hoffentlich geht es gut."
> „Ja", sagt er, „hoffen wir's." (S. 200)

> Sibylle (die Frau meines Staatsanwalts) hat gestern kurz nach Mitternacht ein beinahe siebenpfündiges Mädchen geboren... (S. 218)

> Mein Staatsanwalt gesteht, daß er die Blumen für seine Gattin vergessen hat; dafür macht er den Vorschlag, ich sollte doch seine Gattin einmal in der Klinik besuchen... (S. 241)

„Übrigens – Sibylle erwartet ein Kind, das weißt
du?" sagt Sturzenegger, um den Ton zu wechseln... (S. 244)

Heute in der Klinik... (S. 250)

In dem Satz vom ‚häßlichen Ende' der Beziehung
zwischen Sibylle und Stiller erfährt der Tatbestand
des Abschieds eine besondere Beleuchtung durch
das Adverb „leider", das ausdrücklich Sibylle zu-
gewiesen, also auf der Zeitebene 2 angesiedelt
wird. Hier wird der Abschied aus der Sicht des TSs
in die Perspektive Sibylles gerückt und der Leser
aufgefordert, die Sache auch mit ihren Augen zu
sehen. Die erzähltechnischen Mittel der Mehrper-
spektivität und der Überlagerung der Zeitebenen
werden also kombiniert eingesetzt. Denn damit,
daß er das wertende Adverb „leider" ausdrücklich
Sibylle zuschiebt, verrät der TS seine innere Teilnahme an dem erzählten Geschehen, die er hinter
der erzählerischen Neutralität des ‚Protokollanten'
White („Ich protokolliere dennoch weiter": S. 218)
verbirgt.

**Zeitebenenüberla-
gerung und Mehr-
perspektivität
kombiniert**

Die gesamte Vergangenheit Stillers ist ständig gegenwärtig und kann jederzeit in den Vordergrund
treten, z. B. seine Kindheit in dem Bericht über den
gemeinsamen Besuch der Brüder am Grabe der
Mutter (S. 324–330). Diese hatte den Sohn aus erster Ehe verständnisvoller behandelt als den jünge-
ren Stiefbruder, weil sie ihn für begabt hielt. Trotzdem bestand er nur „mit knapper Not" das Abitur
(S. 334), ein ‚Muttersöhnchen', das immer einer
weiblichen Person zur Anlehnung bedurfte (S.
334–343).

**Die Vergangenheit
ist gegenwärtig**

Das Tagebuch-Ich ist kein Erzähler von der Art des
Ich-Erzählers im ‚Nachwort des Staatsanwalts',
der von Stillers Leben nach seiner Verurteilung
und seiner Rückkehr ins bürgerliche Leben berichtet. Das Erzähl-Ich des ersten Romanteils befindet
sich ja im Prozeß der Selbstfindung, und zwar
während des Erzählens, ja mit Hilfe des Erzählens.
Deshalb vermischen sich in diesem Erzählen Zeitebenen der Vergangenheit mit der Gegenwart, in
der erzählt wird, wobei auch die Zukunft in Form
von Wunschvorstellungen („Frau Julika Stiller-

**Zwei verschie-
dene Ich-Erzähler
in den beiden
Romanteilen**

**Das Erzähl-Ich
des ersten Teils
auf dem Weg der
Selbstfindung**

Tschudy ist ja doch meine einzige Hoffnung": S. 340) einbezogen ist. So läßt sich hinsichtlich der Überlagerung der Zeitebenen das ‚Nachwort' deutlich von den ‚Aufzeichnungen im Gefängnis' unterscheiden:

I. Teil (Aufzeichnungen):

Stillers Kindheit und Jugend bis 1936

Teilnahme am Spanienkrieg 1936/37

Die Ehe mit Julika 1938–1945

Amerika-Aufenthalt 1946–1952

Untersuchungshaft und Urteil
(White ist Stiller) 1952   →

II. Teil (Nachwort):

Fortsetzung der bürgerlichen Existenz als Anatol Stiller und der Ehe mit Julika bis zu ihrem Tod 1955, offenes Ende

3. Leitmotive als Kompositionsmittel

Konsequenzen der Erzähl- und Zeitstruktur für die Komposition

Da bei dieser Erzähl- und Zeitstruktur sowohl die chronologische Anordnung des Erzählstoffs wie auch die ordnende Funktion des allwissenden Erzählers wegfallen, muß die Komposition des Romanganzen auf andere Weise bewerkstelligt werden. Das geschieht nun dadurch, daß die verschiedenen thematischen Linien, deren Zusammenhang das Romanganze ausmacht, durch bestimmte wiederkehrende Motive und Details markiert werden, die dem Leser den Weg durch das facettenreiche Gefüge weisen. Das Ehedrama der Stillers ist z. B. in starkem Maße durch das Bild bedingt, das sich der Ehemann von seiner Frau gemacht hat und das er auch in einem Werk als Bildhauer zum Ausdruck bringt. Zur Veranschaulichung dieses Bildes verweisen beide Ich-Erzähler den Leser immer wieder auf den Jugendstil, eine künstlerische Bewegung der Jahrhundertwende, welche die Alltagswelt ästhetisch durchgestalten wollte und das Ornamentale in den Mittelpunkt stellte. Diesem Stilideal des

Beispiel: Stillers Bild von Julika und der Jugendstil

Ornamentalen wurde auch das Frauenbild unterworfen, indem man den weiblichen Körper nach dem Muster tänzerischer Posen als Arabeske zum Bestandteil des Ornaments machte. Es fällt denn auch auf, daß Julika – im Unterschied zu den anderen Romanfiguren – durch eine detaillierte Beschreibung ihres Äußeren eingeführt wird, die bereits – ohne daß der Begriff genannt wird – auf den Frauentypus des Jugendstils hinweist.

Schon diese erste Beschreibung ihres Äußeren („ihre Haare sind rot", „ein sehr feiner Teint; Alabaster...", „sehr edel wirkt die Nase..., viel unwillkürlicher Ausdruck in den Nüstern": S. 55f.) wird – fast wörtlich – an entscheidenden Stellen des Romans wiederholt. Nicht nur der Romanheld, Stiller selbst, sondern auch der Ich-Erzähler des ‚Nachworts' nimmt Julika in dieser Weise wahr, als er sich der Beschreibung erinnert, die Stiller in den ‚Aufzeichnungen' gegeben hat („Genau so lag sie auf dem Totenbett...": S. 437). Im Überblick sieht diese Reihe, welche die thematische Linie ‚Stillers Bild von Julika' markiert, folgendermaßen aus:

1. Heft:
Beschreibung der äußeren Erscheinung Julikas (S. 55f.: „Ihre Haare sind rot..." und S. 60: „Ihre offenen Haare sind köstlich...")
Julika spricht von ihrem Aufenthalt in Davos („in jener einsamen Veranda mit olivgrüner Jugendstil-Verglasung...": S. 81).
2. Heft:
Charakterisierung Julikas („Wie ein Meertier, das nur unter Wasser zu seinem Farbwunder gelangt, hatte auch Julika ihre geisterhafte Schönheit nur im Tanz..." S. 87)
Julikas Aufenthalt in Davos („Ihr Sommer in Davos, ihr Leben in jener Jugendstil-Veranda...": S. 113; „Was es für die arme Julika bedeutete, ... einmal außerhalb ihrer Jugendstil-Verglasung zu sein...": S. 122)
Julikas Bild in der Illustrierten („Man sah Julika von rückwärts, das linke Bein angeschwungen, ... die gleichsam aufknospenden Hände...": S. 127)

Das Bild Julikas wird durch einzelne wiederkehrende Jugendstilmotive charakterisiert:

„Veranda mit olivgrüner
Jugendstil-Verglasung",
S. 81, 113, 122, 143

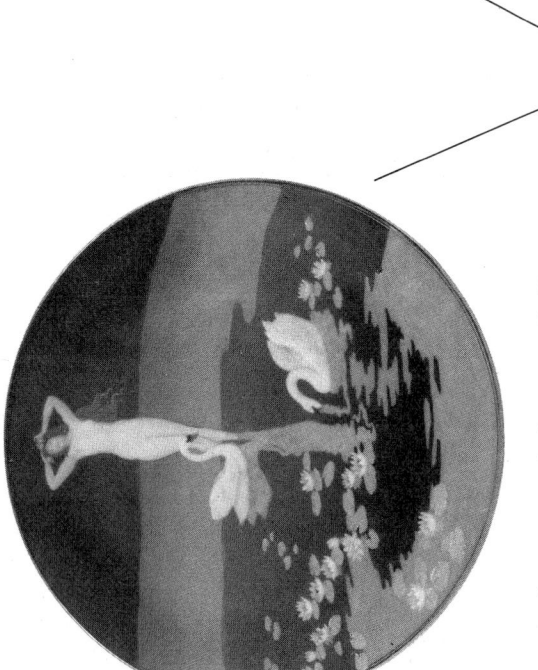

„Ihre Haare sind rot…", S. 55,
„ihre offenen Haare…",
S. 60, 136, 378, 437

Julika

„... von rück-
wärts ...,
die gleichsam
aufknospenden
Hände ...",
S. 127, 137

„... geisterhafte
Schönheit nur
im Tanz ...",
S. 87, 99

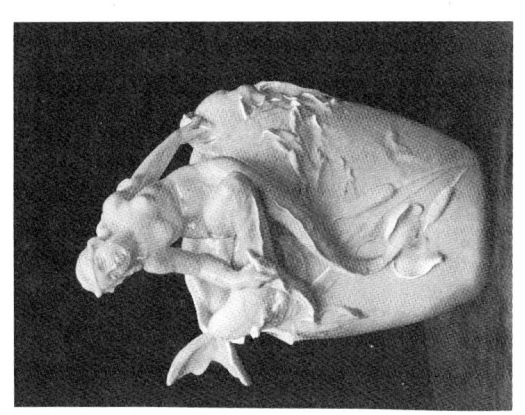

„Wie ein Meertier ..."
S. 87, 397

„... eher eine Vase
als eine Frau ...",
S. 257, 260

Letzte Begegnung der Eheleute („Julika in ihrer Jugendstil-Veranda lag eingemummter als je...": S. 143)

Abschied der Eheleute („Und dann, als läge Julika schon im Sarg, küßte er sie bloß auf die Stirn ... und verließ rasch die winterliche Veranda...": S. 151)

6. Heft:

Stillers Porträt von Julika („Es war ein Kopf auf einem langen, säulenhaften Hals, eher eine Vase als eine Frau, seltsam...": S. 257; „...nach seinem Verhalten zu schließen, handelte es sich wirklich nur um eine schöne, seltsame, tote Vase, womit Stiller verheiratet war...": S. 260)

7. Heft:

Beschreibung der äußeren Erscheinung Julikas („ihr rötliches Haar, den Teint wie Alabaster...": S. 378)

Nachwort:

Beschreibung des neuen Heims der Stillers in Glion („Ein grünliches Licht, wie von einem Aquarium, kam durch die Veranda mit Jugendstil-Verglasung...": S. 397)

Charakterisierung Julikas („Ich fand Frau Julika merklich älter, eine ungewöhnlich schöne Frau nach wie vor, immer seltsamer ihr auffallendes Mädchenhaar, das ohne viel Kosmetik leuchtete...": S. 399)

Beschreibung der äußeren Erscheinung der Toten (hier zitiert der Erzähler die Textstellen „Ihre Haare sind rot" bis „...erweckt werden" (S. 55 f.) und „Ihre offenen Haare sind köstlich..." bis „...irgendein Weib" (S. 60) und fährt dann fort:

> Genau so lag sie auf dem Totenbett, und ich hatte plötzlich das ungeheure Gefühl, Stiller hätte sie von allem Anfang an nur als Tote gesehen, zum erstenmal auch das tiefe, unbedingte, von keinem menschlichen Wort zu tilgende Bewußtsein seiner Versündigung. (S. 437)

Mit diesem Satz weist der Erzähler auf seine Kritik an Stillers Aufzeichnungen zurück: „Das Bildnis, das diese Aufzeichnungen von Frau Julika geben, bestürzte mich": S. 407. Diese Kritik aber entspricht Julikas Vorwurf, den sie in Davos gegen ihren Mann erhebt: „Du hast dir nun einmal ein Bildnis von mir gemacht...": S. 150)

Wie eng das Netzwerk der thematischen Linien geknüpft ist, zeigt die Wiederkehr von Details wie dem Meerestier-Vergleich (S. 87 und 397) und dem Bild der Toten (S. 151, 260, 437) und die Verweisung des Lesers auf andere Stellen, z. B. die Abschnitte, in denen von der „Versündigung" des Bildermachens die Rede ist. Ständig sind in diesem Netzwerk auch die verschiedenen Zeitebenen miteinander verbunden, so z. B. wenn der TS beim Weg durch die Herbstlandschaft nach dem gemeinsamen Mittagessen mit dem Staatsanwalt in einem jungen Paar das Bild des jungen Liebespaars Anatol und Julika erkennt („Das ist der Herbst hier, und ich sehe auch den Frühling...": S. 349 f. = S. 88 f.). Diese einheitliche Komposition erschließt sich wohl erst bei wiederholter Lektüre dem Leser.

Wiederkehr von Details in den thematischen Linien

Zusammenwirken von Erzähl-, Motiv- und Zeitstruktur bei der Komposition des Romans

3. Thematik

**Der Roman
dokumentiert
eine Zäsur
in der Biographie
des Autors**

Von einem Amerika-Aufenthalt hatte Max Frisch einen Romanentwurf mitgebracht, den er als verfehlt ansah. Aus diesem Entwurf schuf er 1954 dann in kurzer Zeit den Roman ‚Stiller‘, der ihn selbst überzeugte und seinen Ruhm als Epiker begründete. Der Erfolg ermutigte ihn, mit seiner bürgerlichen Existenz zu brechen. Er trennte sich noch 1954 von seiner Familie – er war seit 1942 mit Constanze von Meyenburg, einer Architektin, verheiratet – und schloß 1955 sein Architekturbüro in Zürich. Den Roman, der die Geschichte einer nicht gelingenden Selbstfindung zum Inhalt hat, kann man also – wie Goethes ‚Werther‘ – als negative Alternative zur eigenen Entscheidung des Autors lesen. Nach der im Roman verborgenen Chronologie (einzige Altersangabe für das Jahr des Selbstmordversuchs: „...ich war bereits achtunddreißig“: S. 381) ist der fiktive Stiller ein Altersgenosse seines Autors.

**Eine ‚gescheiterte
Existenz‘ als
Romanheld**

Hauptfigur des Romans ist eine Gestalt, die alle Merkmale einer „gescheiterten Existenz“ aufweist. Stiller schafft kaum die Schule (S. 334). Eine starke Mutterbindung prägt seinen Charakter in Form der Anlehnungsbedürftigkeit an weibliche Personen (S. 334 ff.), von denen er sich auch gern aushalten läßt (S. 84, 104 ff., 279). Bald schon fühlt er sich als Künstler überfordert (S. 91, 94, 234, 264). Er versagt als Kämpfer im Spanischen Bürgerkrieg (S. 139 ff.). In Amerika versucht er, sich das Leben zu nehmen (S. 378 ff.). Er trinkt zu viel (S. 9, 13, 69, 80, 97 f., 143, 417 ff.).

**Scheinbar private
Geschichte –
aber allgemeines
Thema**

Diese scheinbar private Lebensgeschichte, eigentlich eine Parodie auf den klassischen Erziehungsroman nach dem Muster von Goethes ‚Wilhelm Meister‘, in dem der Held durch Bewährung im tätigen Leben zu sich selbst gelangt, hat in Wahrheit ein sehr allgemeines Thema, nämlich das Problem des modernen Menschen, in einer Welt ohne überschaubare gesellschaftliche Ordnung und ohne feste Werte zu seiner Identität zu finden. Mit diesem Begriff – der Erzähler nennt es „Wirklichkeit... Sie können auch sagen: daß einer mit sich selbst identisch wird": (S. 66) – ist gemeint, daß jemand das eigene Leben als ein zusammenhängendes Ganzes zu gestalten und sein Verhalten darin, sei es Gelingen oder Versagen, als sinnvoll zu verstehen vermag.

Das Problem lautet: mit sich selbst identisch sein

Dieses Thema wird in dem Roman in drei verschiedenen Dimensionen abgehandelt, der psychologischen, der gesellschaftlichen und der philosophisch-religiösen Dimension. Wie die unterschiedlichen Erzählperspektiven und Zeitebenen sind auch diese verschiedenen Dimensionen in dem Roman miteinander verschlungen.

Drei Dimensionen des Problems

In die psychologische Dimension wird der Leser schon durch den ersten Satz („Ich bin nicht Stiller!") geführt, weil er sich fragt, warum der Tagebuchschreiber (TS) sich selbst verleugnet. Er erfährt es spätestens in der Stiller-Selbstcharakteristik am Ende des 5. Heftes:

Warum verleugnet Stiller sich selbst?

> Er ist ein Moralist wie fast alle Leute, die sich selbst nicht annehmen. Manchmal stellt er sich in unnötige Gefahren..., um sich zu zeigen, daß er ein Kämpfer sei. Er hat viel Phantasie. Er leidet an der klassischen Minderwertigkeitsangst aus übertriebener Anforderung an sich selbst, und sein Grundgefühl, etwas schuldig zu bleiben, hält er für seine Tiefe, mag sein, sogar für Religiosität... (S. 252)

Übertriebene Anforderungen an sich selbst

Daß er sich in „unnötige Gefahren" begibt, hat etwas mit seinem Ungenügen gegenüber den Erwartungen zu tun, die man seinem künstlerischen Können entgegenbringt, wie er Sibylle gesteht:

> Und schon kommen die Arrivierten, um dir die Hand zu schütteln, weißt du, liebenswürdig, aus lauter Furcht wie vor einem jungen David. Es ist lächerlich. Aber da stehst du nun mit deinem Größenwahn – bis endlich, Gott sei Dank, so ein Spanischer Bürgerkrieg losgeht! (S. 264)

Stiller war ja, wie es im Sturzenegger-Gespräch heißt, ein „naiver Kommunist", ein „romantischer Sozialist" gewesen (S. 243 f.), so daß die Flucht aus

Flucht aus der Künstler- in die Kämpferrolle

dem Künstlertum in die Kämpferrolle nahe lag. Doch auch hier überfordert er sich selbst und endet als „Feigling" (S. 268). Sibylle hält ihm deshalb die realistische Frage entgegen:

> Und du hast erwartet..., daß du in deinem Leben nie versagen würdest? ... Du schämst dich, daß du so bist, wie du bist. Wer verlangt von dir, daß du ein Kämpfer bist, ein Krieger, einer der schießen kann? Du hast dich nicht bewährt, findest du, damals in Spanien. Wer bestreitet es! Aber vielleicht hast du dich als jemand bewähren wollen, der du gar nicht bist –. (S. 269)

Tragische Pose des unverstandenen Mannes

Doch als Stiller eine zärtliche Geste von ihr mißversteht („... nahm sie nicht ernst; er nahm sie als eine verliebte Person, die auf Zärtlichkeiten wartete und nichts weiter ... der unverstandene Mann mit seiner Tragik...": S. 269), erkennt sie:

> Stiller gefiel sich ... in seiner Verwundung; er wollte nicht damit fertig werden. Er verschanzte sich. Er wollte nicht geliebt werden. Er hatte Angst davor... (a.a.O.)

Kurz: Sibylle merkt, daß sein Verhalten nicht echt, vielmehr Pose ist, daß er ihr etwas vorspielt.

In dem Gespräch, das der TS im 7. Heft referiert, verallgemeinert Rolf, Sibylles Mann, dieses Problem Stillers („Die weitaus meisten Menschen werden durch Selbstüberforderung vernichtet...": S. 321) und deutet sein Verhalten, ohne davon zu wissen, so:

> Wieviel Selbsterkenntnis erschöpft sich darin, den andern mit einer noch etwas präziseren und genaueren Beschreibung unserer Schwächen zuvorzukommen, also in Koketterie! (S. 322 f.)

Eine andere Version der Toledo-Geschichte

Die Geschichte von Stillers „Feuerprobe" im Spanienkrieg, die er Sibylle bei ihrem Atelierbesuch als Zeugnis seines Versagens und seiner „Impotenz" erzählt hat (S. 264–270), wird von dem TS im 2. Heft ausführlich wiedergegeben (S. 139–142), hier jedoch als Heldenanekdote:

> Stiller hatte mit seiner Anekdote, scheint es, immer wieder Erfolg. Julika mußte sie später, einmal mit Stiller befreundet und dann verheiratet, na-

türlich noch öfter anhören. Das gehört ja zu den Pflichten einer lieben Gattin, nicht zu gähnen und nicht zu unterbrechen, wenn ihr Mann wieder einmal mit seiner Parade-Nummer anfängt. Es war eine Parade-Nummer, Stiller mit seiner Fähre am Tajo... (S. 142)

Während er also bei Sibylle mit dieser Geschichte seine Versager-Rolle illustrierte, diente ihm diese Version zur Selbstdarstellung als verwegener Spanienkämpfer.

Die Versionen dienen der Selbstdarstellung

Stiller erweist sich auch in seiner Ehe als „ein fertiger Feigling". Denn er sagt seiner Frau „kein Wort davon, daß er die Dame", nach der sie ihn gefragt hatte, „fast täglich traf" (S. 122 f.). Doch bei seinem letzten Besuch im Sanatorium in Davos, als er Sibylles wegen mit Julika Schluß machen wollte, verwechselt er die beiden Selbstdarstellungen in den Versionen der Toledo-Geschichte. Er setzt bei Julika, welche nur die Anekdote kannte, die Kenntnis der Versager-Version voraus, wie er sie Sibylle erzählt hatte. Denn er redet zu der Kranken, deren „Zustand ... katastrophal war", „bloß von sich selbst: als ginge es um ihn, um Stiller, um den Gesunden!" (S. 139), und benutzte die Toledo-Geschichte dazu, ihr seine Auffassung von ihrer Ehe in aller Breite darzulegen:

Verwechslung der beiden Selbstdarstellungen am Krankenbett der Ehefrau

> Wäre nicht diese Niederlage in Spanien gewesen..., wäre ich dir mit dem Gefühl begegnet, ein voller und richtiger Mann zu sein – ich hätte dich schon längst verlassen, Julika, vermutlich schon nach unserem ersten Kuß, und diese ganze jämmerliche Ehe wäre uns beiden erspart geblieben. Das ist das Bittere, siehst du; wir hätten es wissen können, daß es nicht gehen wird... (S. 146)

Stillers Bild von seiner Ehe

Die Verwechslung der beiden Versionen ausgerechnet am Krankenbett der Ehefrau zeigt mit aller Deutlichkeit, wie es in jemandem zugeht, der mit sich selbst nicht klarkommt oder – mit den Worten des Tagebuchschreibers – seine „Wirklichkeit" verfehlt und daher nicht „mit sich selbst identisch" ist (S. 66). Da er nicht „er selbst sein" (S. 251) will, gerät er unter die Herrschaft von ‚Bildnissen', wie Frisch es nennt, d. h. unter Zwangsvorstellungen von sich selbst und anderen. Seine Identität, das

Wer nicht ‚mit sich selbst identisch' ist, gerät unter die Herrschaft von Bildern

75

Bewußtsein vom eigenen Leben als eines zusammenhängenden und verständlichen Ganzen, gerät in eine Krise, die auch den Ehepartner in Ungewißheit stürzt:

> Jedenfalls ist es Julika heute noch unbegreiflich, wieso Stiller, ihr verschollener Mann, anläßlich jener letzten Begegnung in Davos plötzlich von einer ‚Niederlage in Spanien‘ redete. Wieso Niederlage? Dafür bekam Julika keine Erklärung. Hatte er nicht jahrelang auch von Julika verlangt, daß sie sein Verhalten in Spanien vortrefflich fand? Und jetzt war es plötzlich eine Niederlage, eine Sache, die in die Waagschale fällt als Anfang aller Übel, als Fluch, als Unstern, womit Stiller sich auch die Unglücklichkeit ihrer Ehe erklärte. Wieso? (S. 142)

Wieso erklärt Stiller ihre Ehe mit der ‚Niederlage in Spanien‘?

Diese Frage kann der Leser aus der Schilderung der beiden Phasen dieser Ehe selbst beantworten, des Berichts über die Jahre 1937–1945 im 2. Heft der ‚Aufzeichnungen‘ und über die Jahre 1952–1955 im ‚Nachwort‘. Der Anfang stand unter dem Eindruck,

> daß diese zwei Menschen ... auf eine unselige Weise zueinander paßten. Sie brauchten einander von ihrer Angst her. Ob zu Recht oder Unrecht, jedenfalls hatte die schöne Julika eine heimliche Angst, keine Frau zu sein. Und auch Stiller, scheint es, stand damals unter einer steten Angst, in irgendeinem Sinn nicht zu genügen ... (S. 89)

Umstände der Ehe Stiller-Tschudy

Sonst hatten die Gatten wenig Gemeinsames. Julika war „eine Tochter ... aus kultiviertem Haus“, Stiller kam „aus kleinbürgerlichem Milieu“ und hatte „Anfälle von ordinärer Grobheit“ (S. 92 f.). Julika war beruflich erfolgreich (S. 91), während er von ihrem Geld lebte (S. 104 f.). Julika verstand nichts von Bildhauerei (S. 107), während Stiller die Welt des Theaters fremd war (S. 131). Es gab kein Gespräch zwischen den Gatten, in denen sie ihr Bild vom anderen hätten überprüfen und korrigieren können. Für Stiller war Julika die faszinierende, aber spröde, gefühlsarme, frigide, immer müde und kränkelnde Frau, wie er sie auch in seinem Porträt dargestellt hat (S. 257). Sie dagegen „lebte ja davon, einen Menschen zu haben, dem sie immerfort verzeihen konnte“ (S. 90). Das tat sie denn

Die Bilder der Ehegatten voneinander

auch gern mit der stereotypen Formel: „Jaja – bist ein Armer!…" (S. 113, 125). Ein neutraler Beobachter, der Julika im Sanatorium Gesellschaft leistete, warf ihr dann auch vor:

> Wer sich selbst nur immerzu als Opfer sieht, meine ich, kommt sich selbst nie auf die Schliche, und das ist nicht gesund. Ursache und Wirkung sind nie in zwei Personen getrennt, schon gar nicht in Mann und Frau, selbst wenn es zuweilen so aussehen mag, Julika, weil die Frau scheinbar nicht handelt. Es fällt mir nur auf: eigentlich alles, was Sie tun oder nicht tun, begründen Sie mit etwas, was beispielsweise Ihr Mann nicht getan oder getan hat. Das ist doch, entschuldigen Sie das Wort, infantil… (S. 133 f.)

Beide Ehegatten sind schuld

Eigentlich gilt diese Deutung für beide Ehegatten, für Julika, welche „die Dulderin" spielt (S. 149), weshalb ihr Mann ihr „Narzißmus" vorwirft (S. 100), wie für Stiller, dem die Rolle des „unverstandenen Mannes" gefällt (S. 113), welche Julika durch seine krankhafte „Ich-Bezogenheit" erklärt (S. 104). Im ‚Nachwort' aber erscheint Stiller als der Stärkere, der durch sein Festhalten am Bildnis, das er sich vom Ehegatten gemacht hat, diesen zerstört. Beim Abschied in Davos hatte er es als Fehler eingestanden, Julika zu seiner „Bewährungsprobe" gemacht zu haben:

Julika spielt die ‚Dulderin', Stiller den ‚unverstandenen Mann'

> Und darum konnte ich dich auch nicht verlassen. Dich zum Blühen zu bringen, eine Aufgabe, die niemand sonst übernommen hatte, das war mein schlichter Wahnsinn… (S. 147)

Auch den Zusammenhang dieses „Wahnsinns" mit ihrer Krankheit hatte er gesehen:

> Hätte ich dich nicht zu meiner Bewährungsprobe gemacht, wärest du auch nie auf diese Idee gekommen, mich durch dein Kranksein zu fesseln, und wir hätten einander auf natürliche Weise geliebt, ich weiß es nicht, oder uns auf natürliche Weise getrennt… (S. 149)

Stiller hat sie zu seiner „Bewährungsprobe" gemacht

Rolf hatte im Gespräch mit Julika erfahren, daß sich da auch in Glion nichts geändert hatte. Sie selbst hatte dem TS erzählt:

Was wollte er nur immerzu von ihr? Stiller war rührend, doch verbohrt in seiner Meinung, Julika käme nicht zu ihrem vollen Leben... (S. 91)

Nun fragt sie den Staatsanwalt verzweifelt:

Stiller zerstört sie mit seiner Idee, sie zu ändern

Wie soll ich mich denn ändern! Ich bin doch so, wie ich bin. Warum will Stiller mich immer ändern? ... Wissen Sie, Rolf, was er immer von mir erwartet? (S. 405)

Die Antwort auf diese Frage ist in der Selbstcharakteristik Stillers so formuliert:

Er ist nicht bereit, nicht imstande, geliebt zu werden als der Mensch, der er ist, und daher vernachlässigt er unwillkürlich jede Frau, die ihn wahrhaft liebt, denn nähme er ihre Liebe wirklich ernst, so wäre er ja genötigt, infolgedessen sich selbst anzunehmen – davon ist er weit entfernt. (S. 252)

Versagen auch in der Beziehung zu Sibylle

Durch seine Unfähigkeit, sich selbst und auch den Partner als den anzunehmen, der er ist, versagt Stiller auch in der Beziehung zu Sibylle:

Warum wollte er nicht geliebt werden, nicht wirklich geliebt werden? Es blieb ihr nur noch, die Rolle zu spielen, die Stiller ihr aufzwang, und zu plaudern wie eine Neugierig-Verständnislos-Muntere, bis Stiller einmal hinausgehen mußte. Sie wollte Stiller nie wiedersehen. (S. 269 f.)

Zusammenfassung:

Symptome gestörter Identität in der psychologischen Dimension:

– „Minderwertigkeitsangst aus übertriebener Anforderung an sich selbst"
– Fluchttendenzen in einen anderen Lebensbereich, ja in den Selbstmord
– Gefahr, daß man sich als jemand bewähren will, der man nicht ist
– Neigung, eine Pose einzunehmen, den anderen etwas vorzuspielen
– Unfähigkeit, den Partner in seiner Wirklichkeit anzunehmen
– Tendenz, dem Partner eine Rolle aufzuzwingen, d. h. ihn nach einem ‚Bildnis' zu behandeln und damit als Persönlichkeit zu zerstören
– Unmöglichkeit des Gesprächs miteinander, wenn einer den anderen ‚ändern' will

---

Die Geschichte der Ehe von Rolf und Sibylle bietet ein Gegenbild zu der Beziehung zwischen Anatol und Julika Stiller. Rolf stürzt sich, als seine Ehe zu kriseln beginnt, in die Arbeit (S. 228) statt wie Stiller in den Alkohol (S. 101). Auch er flieht zunächst aus Zürich, doch nennt er diese Flucht „die lächerlichste Strapaze seines Lebens, nicht die nutzloseste" (S. 210). Denn sie zeigt ihm seine „Wirklichkeit"; er erkennt

> seine Unfähigkeit, eine Frau zu lieben, wenn er nicht ihr Götze war, zu lieben ohne Anspruch auf Dank, auf Rücksicht, auf Bewunderung und so weiter. (S. 211)

Er erkennt, daß er unfähig ist, „seine eigenen Theorien zu leben" (S. 212), d. h. er sieht ein, daß es sich um ‚Bildnisse' handelt, die einer Selbstfindung im Wege stehen. Im Unterschied zu Stiller, der ziellos durch Amerika streift und sich schließlich das Leben zu nehmen versucht, gewinnt Sibylle dort, zum ersten Mal in ihrem Leben „einsam und für sich selbst verantwortlich", das Gefühl von „Freiheit" und „Würde" (S. 308). Die Gatten warten nicht darauf, daß der andere sich ändert, sondern sie ändern sich selbst und finden so zugleich zu sich selbst und zueinander (S. 316).

In eine gesellschaftliche Dimension ist das Thema der gestörten Identität in der Erzählung des TSs von der Negerhochzeit in Oakland/California gerückt. Angesichts des Make-ups eines jungen Mädchens kommt dem Erzähler der Gedanke:

> Ach, diese Sehnsucht, weiß zu sein, und diese Sehnsucht, glattes Haar zu haben, und diese lebenslängliche Bemühung, anders zu sein, als man erschaffen ist, diese große Schwierigkeit, sich selbst einmal anzunehmen, ich kannte sie und sah nur eine eigene Not einmal von außen, sah die Absurdität unserer Sehnsucht, anders sein zu wollen, als man ist! (S. 193)

Hier wird das Anderssein-Wollen, „als man erschaffen ist", als kollektives Phänomen beobachtet. Rolf, der Staatsanwalt, deutet es, indem er auf

seine Geschichte mit dem „fleischfarbenen Stoff"
in Genua (S. 202 ff.) anspielt, als Phänomen kulturellen Wandels:

**Diskrepanz zwi-
schen Bewußtsein
und Gefühlsleben
im kulturellen
Wandel**

Unser Bewußtsein hat sich im Laufe einiger Jahr-
hunderte sehr verändert, unser Gefühlsleben sehr
viel weniger. Daher eine Diskrepanz zwischen unserem intellektuellen und unserem emotionellen
Niveau. Die meisten von uns haben so ein Paket
mit fleischfarbenem Stoff, nämlich Gefühle, die sie
von ihrem intellektuellen Niveau aus nicht wahr-
haben wollen. Es gibt zwei Auswege, die zu nichts
führen; wir töten unsere primitiven und also un-
würdigen Gefühle ab, soweit als möglich, auf die
Gefahr hin, daß dadurch das Gefühlsleben überhaupt abgetötet wird, oder wir geben unseren un-
würdigen Gefühlen einfach einen anderen Namen.
Wir lügen sie um. Wir etikettieren sie nach dem
Wunsch unseres Bewußtseins. Je wendiger unser
Bewußtsein, je belesener, um so zahlreicher und
um so nobler unsere Hintertüren, um so geistvoller
die Selbstbelügung... (S. 321)

Hier ist von einem ähnlichen Mechanismus der
Selbstrechtfertigung die Rede, wie ihn die Psychoanalyse unter dem Begriff der ‚Rationalisierung'
von Triebwünschen kennt, wobei das Ich (= das
Bewußtsein) Motive des Handelns, die das Über-
Ich (= das Gewissen) nicht billigt, verdrängt und
durch Begründungen des Handelns ersetzt, die mo-
ralisch akzeptabel erscheinen:

Beispielsweise können wir uns den Mangel an Mut,
einmal in die Knie zu gehen, unschwer als gute
Haltung auslegen, die Angst vor Selbstverwirkli-
chung unschwer als Selbstlosigkeit und so fort.
Die meisten von uns wissen nur allzu gut, was sie
in dieser oder jener Situation empfinden sollten,
beziehungsweise nicht empfinden dürften, und haben selbst bei gutem Willen bereits die allergrößte
Mühe herauszufinden, welcher Art ihre tatsächlich
vorhandenen Gefühle sind. Das ist ein übler Zustand. Sarkasmus allem Gefühl gegenüber ist das
klassische Symptom dafür... (S. 321 f.)

Während in der Rationalisierungstheorie davor gewarnt wird, Handlungsbegründungen ungeprüft
zu akzeptieren, beklagt der Staatsanwalt hier, daß

sich die Menschen ihrer Gefühle nicht mehr sicher sind. Und er weiß, wovon er spricht. Hatte doch „Sibylle, seine liebe Frau hinter dem Mond", seine Predigt von „einer großzügigeren Auffassung der Ehe", daß nämlich „ein gewisses Maß von Freiheit … vonnöten sei" (S. 275), wider Erwarten für sich in Anspruch genommen. Das hatte ihn gezwungen, mit dem „fleischfarbenen Stoff", den man ihm angedreht hatte, durch Genua zu irren, um sich über seine wahren Gefühle klar zu werden. Damit begann der Prozeß, in dem sich Rolf von einem „verheirateten Junggesellen" (S. 292) zu einem Ehemann entwickelte, der seine Frau aus New York heimholte:

> Ich bin gekommen…, um dich zu fragen – Ich meine: entweder scheiden wir uns oder wir leben zusammen. Aber endgültig. (S. 314)

Hier ist sich jemand – entgegen dem Trend der Zeit – über seine Gefühle klar geworden. Kein „Sarkasmus" mehr! Rolfs Bemerkung, daß die verleugneten Gefühle „nach dem Wunsch unseres Bewußtseins" mit Hilfe der Belesenheit des einzelnen so oder anders ‚etikettiert' werden, verweist den Leser auf eine frühere Stelle, die davon handelt, warum diese ‚Belesenheit' heute im Unterschied zu früheren Zeiten für die Selbstfindung des einzelnen eher hinderlich als förderlich ist. Der TS erkennt hier, daß seine Erzählungen für den Verteidiger gar keine Beweiskraft haben müssen:

**‚Etikettierung' der
Gefühle je nach
Belesenheit**

> Wir leben in einem Zeitalter der Reproduktion. Das allermeiste in unserem persönlichen Weltbild haben wir nie mit eigenen Augen erfahren, genauer: wohl mit eigenen Augen, doch nicht an Ort und Stelle; wir sind Fernseher, Fernhörer, Fernwisser… (S. 186)

**Unser Zeitalter
der Reproduktion**

Er meint, wir könnten das, was wir für unsere Erlebnisse halten, auch in einem Roman gelesen oder in einem Film gesehen haben, ja sogar von jemandem erfahren haben, ohne selbst das betreffende Buch oder den Film zu kennen:

**Leben aus zweiter
und dritter Hand**

> Es ist ja wahr, man braucht diese Herrschaften nie gelesen zu haben, man hat sie in sich schon durch seine Bekannten, die ihrerseits auch bereits in

lauter Plagiaten erleben. Was für ein Zeitalter! (S. 186)

Der TS fährt fort, daß es schon eine Ausnahme darstellt, von „Persönlichkeit" zeugt, wenn jemand sich dabei an einen bestimmten Autor hält und die Welt mit dessen Augen sieht:

> Wir andern schwimmen in einem Cocktail, der ungefähr alles enthält, … und überall wissen wir ein und wieder aus, und nicht einmal unsere Erzählungen von der sichtbaren Welt, wie gesagt, heißen etwas; es gibt für uns heutzutage … keine terra incognita mehr … (S. 186f.)

Das hier geschilderte Phänomen des kulturellen Wandels erschwert dem TS zusätzlich die Aufgabe, „sein wirkliches Leben" zu erzählen (S. 64), „mit sich selbst identisch" zu werden (S. 66).

Zusammenfassung:
Bedingungen der Selbstfindung in der gesellschaftlichen Dimension:
- Identitätssuche ganzer gesellschaftlicher Gruppen
- Diskrepanz zwischen hochentwickelter Intellektualität und primitiven Gefühlen
- Selbsttäuschung durch „geistvolle" Benennung der Gefühle aufgrund von ‚Belesenheit'
- „Sarkasmus allem Gefühl gegenüber" und Unfähigkeit, die „tatsächlich vorhandenen Gefühle" zu erkennen
- Leben aus zweiter und dritter Hand im Medienzeitalter: Kenntnisse aufgrund von Lektüre oder vom Hörensagen statt aus persönlichem Erleben

---

Es ist „Sünde", sich von einem Menschen ein Bildnis zu machen

Die religiöse Dimension des Identitätsproblems wird an verschiedenen Stellen im Roman angerissen. Ein junger Theologe, der Julika im Sanatorium Gesellschaft leistet, bezeichnet es als „Nicht-Liebe…, also Sünde", wenn man sich „von einem Menschen ein fertiges Bildnis" macht (S. 116). Damit wird dem Leser ein Deutungsangebot gemacht, mit dem er die Geschichte der Ehe zwischen Anatol und Julika Stiller verstehen kann. Bei der letzten

Begegnung der Gatten in Davos spricht Julika ausführlich davon:

> Wenn man einen Menschen liebt, so läßt man ihm doch jede Möglichkeit offen und ist trotz allen Erinnerungen einfach bereit, zu staunen, immer wieder zu staunen, wie anders er ist... (S. 150)

Doch wenn sie mit dem Vorwurf schließt: „Immer redest du dich in etwas hinein...", zeigt sie, daß auch sie in ihrem Verhalten zum Ehepartner von einem ‚Bildnis' bestimmt ist. Denn gleich beim ersten Wiedersehen, als der TS ihre Schönheit gleichsam neu entdeckt, hält sie ihm vor:

> Ach..., du bist noch immer der gleiche, kein vernünftiges Wort kann man reden mit dir, immer kommst du mit deinen Hirngespinsten! (S. 57)

So wird die Chance eines Neuanfangs der Beziehung („...staunen, wie anders er ist...") vertan:

Das Bildnis verhindert einen Neuanfang

> Jedes Gespräch zwischen dieser Frau und mir, so schien mir, ist fertig, bevor wir's anfangen... (S. 83)

In seinen Ausführungen über die „Selbstüberforderung" und die Aufgabe der „Selbstannahme" greift Rolf den Gedanken der Nächstenliebe auf:

Sich selbst als Geschöpf Gottes annehmen

> In der Forderung, man solle seinen Nächsten lieben wie sich selbst, ist es als Selbstverständlichkeit enthalten, daß einer sich selbst liebe, sich selbst annimmt, so wie er erschaffen worden ist. (S. 323)

Selbstannahme allein, so fährt der Staatsanwalt fort, genüge aber nicht. Es müsse auch „die Gewißheit, daß es eine absolute Realität gibt", hinzukommen. Selbstliebe, Nächstenliebe und Gottesliebe gehören zusammen, will er sagen.

Im ‚Nachwort' bemerkt Rolf zu Stillers ‚Aufzeichnungen im Gefängnis':

Stiller hat Julika durch sein Bildnis vergewaltigt

> Das Bildnis, das diese Aufzeichnungen von Frau Julika geben, bestürzte mich; es verrät mehr über den Bildner, dünkt mich, als über die Person, die von diesem Bildnis vergewaltigt worden ist. Ob nicht schon in dem Unterfangen, einen lebendigen Menschen abzubilden, etwas Unmenschliches liegt, ist eine große Frage... (S. 407)

Der Leser wird an Sibylles Reaktion in Stillers Bildhaueratelier erinnert, als sie das Porträt von Julika entdeckt:

> Nach seinem Verhalten zu schließen, handelt es sich wirklich nur um eine schöne, seltsame, tote Vase, womit Stiller verheiratet war... (S. 260)

Stillers Schuld: Julika ändern zu wollen

In dem langen Nachtgespräch vor Julikas Tod (S. 418–430) wird Stillers „Schuld" thematisiert. Wenn man sich an einem Menschen „versündigt" hat, sagt Rolf, kann man das nicht wiedergutmachen, indem man „sich verwandelt". Das gibt es nur in Romanen (S. 421). Er wirft Stiller, indem er an dessen Idee erinnert, Julika „zum Blühen zu bringen" (S. 147), „mörderischen Hochmut" vor (S. 422):

> Du wolltest es sein, der ihr das Leben gibt und die Freude. Du! In diesem Sinn hast du sie geliebt, gewiß, bis zum eigenen Verbluten. Sie als dein Geschöpf... (S. 423)

Stiller sperrt sich gegen Rolfs religiösen Zuspruch

Er versucht Stiller die „irre Erwartung" auszureden, „daß wir einen Menschen verwandeln können, einen anderen oder uns selbst", und weist ihn statt dessen auf die Hilfe des Gebets füreinander hin (S. 430). Stiller sperrt sich dagegen. Rolf beschließt das Gespräch mit der Feststellung:

> Immer wieder hast du versucht, dich selbst anzunehmen, ohne so etwas wie Gott anzunehmen. Und nun erweist sich das als Unmöglichkeit... (S. 433)

In diesem religiösen Zusammenhang, in dem „Selbstannahme" so viel heißt wie sich als Geschöpf zu akzeptieren, bedeutet Rolfs Vorwurf, daß sich Stiller in seinem Verhältnis zu Julika sozusagen an die Stelle des Schöpfergottes gesetzt hat. Rolf sieht aber, welche Schwierigkeiten Stiller mit der Religion hat:

> ...dann hast du einfach Angst, Gott sei deine Erfindung... (S. 434)

Mit diesem Satz wird zum Schluß noch einmal ein wichtiges Merkmal des modernen Bewußtseins formuliert.

Zusammenfassung:

Selbstannahme und Mitmenschlichkeit in der religiösen Dimension:

- Liebe als Offenlassen jeder Möglichkeit für den anderen und wiederholtes Staunen über sein Wesen
- Sich „von einem Menschen ein fertiges Bildnis" machen als Zeichen von „Nicht-Liebe"
- Bildnis-Bestimmtheit des Verhaltens von Ehe-Partnern
- Selbstannahme als Geschöpf als Voraussetzung für Nächstenliebe
- Zusammenhang von Selbstliebe, Nächstenliebe und Gottesliebe
- ,Unmenschlichkeit' des Unterfangens, „einen lebendigen Menschen abzubilden"
- Falsche Erwartung, daß man einen Menschen, sich selbst oder jemand anderen, ändern könne
- Angst des modernen Menschen, daß Gott eine Erfindung der Menschen sei

4. Die Personen des Romans

Die Hauptfiguren

Die Figuren und ihre Beziehungen zueinander werden multiperspektivisch gezeigt

Das formale Gerüst des Romans besteht nicht – wie im realistischen Roman – aus einem bestimmten Handlungsschema, sondern in einem Viereck von Figuren, in das der Titelheld eingespannt ist, und den Beziehungen zwischen diesen Figuren. Diese Figuren und ihre Beziehungen werden in der Weise charakterisiert, daß mit Hilfe der multiperspektivischen Erzählstruktur gezeigt wird, wie sie einander „wahrnehmen". Dieser Begriff wird dem Leser im 1. Heft durch Wiederholung (S. 59, 82, 83) eingeprägt. Es handelt sich um die Ehepaare Anatol Stiller und Julika Stiller-Tschudy sowie den Staatsanwalt Rolf und seine Frau Sibylle. Beide Paare sind in der Vergangenheitshandlung, welche die ,Aufzeichnungen' zum Inhalt haben, durch Stillers Liebesaffäre mit Sibylle, und in der Gegenwartshandlung, die im ,Nachwort' fortgesetzt wird, durch die Freundschaft der beiden Paare verbunden. Eine weitere Verbindung ergibt sich dadurch, daß Rolf die gerichtliche Untersuchung gegen White/Stiller leitet.

Gegensätze bestimmen die Figurenkonstellation

Charakterlich sind sowohl die Männer wie die Frauen als Gegensätze konzipiert. Auch die Ehegeschichten der beiden Paare unterscheiden sich grundlegend voneinander.

Die Eheleute Stiller passen weder von ihrem Temperament noch von ihrer sozialen Herkunft her gut zueinander. Julika reagiert empfindlich, wenn Stiller „über ihren Kopf hinweg" in ihre Angelegenheiten eingreift:

Stiller und Julika nach Herkunft und Temperament verschieden

In solchen Augenblicken erschrak sie über ihn; Stiller schien in solchen Augenblicken zu vergessen, wen er geheiratet hatte, zwar nicht eine Tochter aus reichem, aber aus kultiviertem Haus; ihre Mutter, die Ungarin, war eine Dame aus erster Gesellschaft gewesen, irgendwie aristokratisch, ihr verstorbener Vater immerhin Gesandter in Budapest, wogegen Stiller (es muß gesagt werden) aus kleinbürgerlichem Milieu kam, eigentlich überhaupt aus keinem Milieu, höchstens erzählte er einmal von seinem Stiefvater, der irgendwo im Altersasyl untergebracht war, überhaupt nie von seinem Vater, und seine Mutter war die Tochter eines Eisenbahners gewesen. Es ist komisch und gräßlich, daß solche Dinge zwischen zwei Menschen, die sich lieben, plötzlich eine Rolle spielen, aber es ist so... (S. 93)

Seine Ausbrüche „ordinärer Grobheit" (S. 92) tun Stiller immer sehr leid, und er bemüht sich dann, Julika auf seine Weise wieder seine Liebe zu beweisen,

> sei es mit einem seidenen Schal, da sie den früheren eben verloren hatte, oder mit Flieder, den er auf dem Weg zum Theater, wo er sie nach der Vorstellung abholte, irgendwo über den Zaun gestohlen hatte... (S. 93 f.)

Julika ist sehr zurückhaltend, so daß sie „nicht in Empfindung zerschmolz unter seinem Kuß", was der Erzähler mit den Worten kommentiert, sie sei darin „vielleicht nur etwas ehrlicher als andere Mädchen", um dann fortzufahren:

Julikas Zurückhaltung

> Ihre Spröde war erschreckend, mag sein, aber echt. Sie tat nicht spröde, um aufzureizen, im Gegenteil, diese Julika versuchte eher nachzugeben, um alles Aufreizende zu mindern, und erlebte dann allerdings sehr bald, daß sich beim Nachgeben für sie der Ekel einstellte, jener einsame Ekel, den sie unter allen Umständen verbergen mußte. Sie wollte ihn doch nicht verletzen. Stiller war ihr lieber als ein anderer Mann... (S. 100)

Unglücklicherweise muß sich mit diesem Temperament ein Mann auseinandersetzen, der „immer alles auf sich" bezieht (S. 101), jede kleine Bemerkung, die Julika macht, „aufbauschte" (S. 104), z. B. irgendeinen Ausspruch, den sie in ihrer ersten gemeinsamen Nacht tat, zum Anlaß nimmt, „sich als ein stinkiger Fischer mit einer kristallenen Fee" vorzukommen (S. 98 und 108). Zudem lebt er im „Zerwürfnis mit dem Körper" leidet unter Hemmungen:

Stillers Minderwertigkeitskomplexe

Und in Gesellschaft etwa, wenn er schwitzte oder spürte, daß es soweit kommen könnte, verlor er jeglichen Humor, saß dann in stummer Bestürztheit, unfähig, auch nur einem Gespräch zu folgen. Stiller hatte dann eine solche Angst in den Augen, daß es Julika oft rührte... (S. 109)

Stillers Ekel vor sich selbst

Manchmal tritt Stiller vor den Spiegel, „um zu sehen, was Julika, seine kristallene Fee, abstoßen mußte, und siehe da, Stiller entdeckte eigentlich nichts, was ihn nicht selber abstieß" (S. 110).

So kommt es dazu, daß diese beiden Menschen „auf eine unselige Weise zueinander paßten" (S. 89). Julika lebt davon, „einen Menschen zu haben, dem sie immerfort verzeihen konnte" (S. 90), während Stiller, der nie erwachsen werden konnte, in ihr seine „einzige Hoffnung" sieht (S. 341), weil sie ihm immer wieder verzeiht. Diese Bindung ist von der Art,

Sie kommen voneinander nicht los

daß sie die Ehepartner zwar nicht glücklich macht, aber für beide zum Anlaß wird, die Ehe nach Stillers Entlassung aus dem Gefängnis wieder aufzunehmen und fortzusetzen. Sie zeigt sich auch in der Szene im Bildhauer-Atelier, als Stiller beim Lokaltermin all seine früheren Arbeiten zerschlagen hat:

Wie eine Siegerin, die ja nichts dafür kann, daß ich immer wieder unterliege, oder wie eine Mutter, eher noch wie eine Mutter, die ihren etwas unverbesserlichen Buben trotz allem so liebhat, lächelt sie, und ihre Überlegenheit dünkt mich so bodenlos, ihre Harmlosigkeit so unfaßlich, ihr Gleichmut so mörderisch, ihre Echolosigkeit so idiotisch, daß ich, ungläubig wie am ersten Tag, Julika noch immer anstarre. Und wie schön sie ist, ich werde es nie vergessen... (S. 377 f.)

Und dann fährt der Erzähler mit der Beschreibung dieser Schönheit fort, wie er sie schon S. 55 gegeben hatte und wie sie der Staatsanwalt in seinem ‚Nachwort' zitieren wird, als er Julika auf ihrem Totenbett liegen sieht (S. 437).

Die Eheleute Stiller sind mit ihrer Ehe nicht weitergekommen

Rolfs Bericht zeigt übrigens auch, daß die Eheleute miteinander überhaupt nicht weitergekommen sind. Immer noch bestimmen Julikas Zurückhaltung („Sie hatte vermutlich keine Ahnung davon, wie wenig sie sich mitteilte...": S. 399) und Stillers

Minderwertigkeitsgefühle die Kommunikation zwischen den Eheleuten:

> ...ihre Miene erschien mir wie ein stumm gewordenes Erschrecktsein in Permanenz. Stiller kümmerte sich nicht darum, gefiel sich in geistreichem Geflunker, wobei er sich öfter auch an Frau Julika richtete, dann mit einem Unterton zärtlicher Bitte, halb Rücksicht und halb Nötigung. Oft dachte ich: er macht es sich zu leicht, er zahlt mit Charme, wovon er genug hat, das kostet ihn nichts. Auch will Stiller immerzu etwas gutmachen, dünkte mich, dann wird er höflich bis zur Ängstlichkeit. „Laß doch!" bat Frau Julika, „ich brauche kein Kissen, wirklich nicht!" Stiller fand sich abgewiesen, nach seinem kurzen Blick auf Frau Julika zu schließen: ungerechterweise abgewiesen. Zum Richter bestellt hätte ich wohl Frau Julika, was die Überflüssigkeit des dargebotenen Kissens betraf, recht geben müssen... (S. 401)

Es gibt kein Gespräch zwischen Stiller und seiner Frau. Sie nehmen einander nicht wahr.
Die Affäre mit Sibylle treibt Stiller zu dem herzlosen Abschied von seiner kranken Frau in Davos (S. 151). Auch Sibylle trennt sich von ihrem Mann. Die Szene findet im Büro des vielbeschäftigten Juristen statt und wird dem TS in zwei verschiedenen Versionen zur Kenntnis gebracht. In Rolfs Erinnerung hat sie sich so zugetragen:

In beiden Ehen trennen sich die Partner

> Daraufhin erhob sich Sibylle wie nach einer ergebnislosen Unterredung, die aber gar nicht stattgefunden hatte, langsam und wortlos, ging zum Fenster; Rolf sah an ihren Schultern, daß sie weinte, schluchzte. Sie duldete nicht seine Hand auf ihrer Schulter, nicht einmal seinen Blick. „Ich gehe schon", sagte sie. „Wohin?" fragte er. Sie quetschte ihre halbe Zigarette in seinen Aschenbecher, nahm ihre Handtasche, ein Tüchlein und Puder, um ihr Gesicht in Ordnung zu bringen, und sagte mit der unverschämtesten Leichtigkeit: „Nach Pontresina." Und nach einem tiefen Atemholen, während Sibylle nun ihre Lippen malte, sagte Rolf abermals: „Wie du willst." Dann ihre alberne Frage: „Hast du etwas dagegen?" Dann seine ebenso alberne Antwort: „Tue, was du für richtig hältst!" Und so ließ er sie gehen... (S. 232 f.)

Rolfs Erinnerung an den Abschied

Der ironische Schluß zeigt, daß Rolf diese Szene aus Distanz und selbstkritisch schildert (vgl. S. 222: „In dieser Zeit waren wir beide sehr komisch, meine Frau und ich sowieso."). Doch deutet eine gewisse Widersprüchlichkeit noch auf den Groll hin, den er damals gegen seine Frau hegte („sie weinte, schluchzte...", aber: „sagte mit der unverschämtesten Leichtigkeit"). Sibylles Version der Abschiedsszene lautet folgendermaßen:

> „Ich liebe ihn", sagte sie ungefragt. „Wir lieben einander wirklich", fügte sie hinzu, „sonst würden wir ja nicht zusammen nach Paris gehen, das wirst du mir glauben, ich bin ja nicht leichtsinnig." Und dann müssen ja die Männer stets wieder an die Arbeit, jaja, es war schon zehn Minuten nach zwei; Sitzung, diese Bastion ihrer Unabkömmlichkeit, Sibylle kannte das. Wenn Rolf jetzt nicht an seine Arbeit geht, fällt die ganze Menschheit in einen Zustand verheerender Rechtlosigkeit. „Das mußt du schon selber wissen", sagte er kurz, „was du für richtig hältst." Und dann, nachdem er seinen Mantel angezogen hatte, wobei er die Knöpfe in die falschen Löcher würgte, so daß die Gattin ihn zurechtknöpfen mußte, fügte er etwas melancholisch hinzu: „Du mußt tun, was du für richtig hältst!" und ging... Und Sibylle, allein im Zimmer, heulte. (S. 280 f.)

Auch in dieser Version ist gegen Ende ein ironisches Element enthalten, das Detail mit dem falsch geknöpften Mantel. Dem verhaltenen Groll ihres Mannes über ihre „unverschämteste Leichtigkeit" entspricht hier Sibylles Zorn auf die Männer insgesamt, die nach ihrer Meinung aus unangenehmen persönlichen Situationen in ihre Berufspflichten fliehen. Aber beide berühren nicht die eigentliche Ursache ihrer Ehekrise. Diese ist weder durch Sibylles „Leichtigkeit" noch durch Rolfs „Arbeit" bedingt, sondern durch ihre unterschiedliche Auffassung von der Ehe:

> Rolf war zum Umbringen, fand sie; er gewährte ihr eine Freiheit, eine Unabhängigkeit, die nachgerade kränkend wurde... (S. 278)

Sibylle dagegen formuliert ihr Eheverständnis im Streitgespräch mit Rolf so:

Das ist es ja, warum ich sage, du bist ein Junggeselle, ein verheirateter Junggeselle. Lächle nur!
Entweder ist die Ehe ein Schicksal, meine ich, oder
sie hat überhaupt keinen Sinn, sie ist ein Unfug.
Was ich will, fragst du? Ich habe mich blöd benommen, ich weiß. Es hat mir wehgetan, wenn du dich
irgendwo verliebt hast, das ist wahr, und vielleicht
bin ich kleinmütig gewesen. Spielraum in der Ehe,
was heißt das? Ich will keinen Spielraum, ich will,
daß ich für meinen Mann nicht ,irgendeine' Frau
bin... (S. 292)

Entscheidend ist hier im Gegensatz zu der Stiller-
Ehe, daß die Partner sich artikulieren, daß die unterschiedlichen Ehekonzepte im Gespräch und
auch im Handeln der Partner aufeinander stoßen,
daß Auseinandersetzung stattfindet. Sibylle zeigt
sich imstande, „ihr Leben selber zu wählen"
(S. 286), sich von Rolf zu lösen und sich in Amerika eine eigene Existenz aufzubauen (S. 308).
Rolf reagiert darauf mit Selbsterkenntnis
(S. 210 ff.):

**Rolf und Sibylle
können sich aus-
einandersetzen**

> Einen zermürbenden Sommer lang wollte Rolf be-
> weisen, daß er Sibylle, getreu seiner Theorie, die
> vollendete Selbständigkeit zubilligte... (S. 222)

Er wird aber mit diesem „heiklen Thema" seines
„Innenlebens" nicht fertig und stürzt sich in die
Arbeit (S. 228), um schließlich nach New York zu
fahren und seine Frau heimzuholen, was zum „Höhepunkt in seinem Leben" wird, wie er dem TS erzählt (S. 176). Die Krönung der Wiedervereinigung
des Gatten wird die Geburt ihrer Tochter („Er ist
nicht zu sprechen vor Glück": S. 218), während die
Ehe der Stillers kinderlos bleibt. (Julika interpre-
tierte den Wunsch ihres Mannes nach einem Kind
als „Neid auf ihren Erfolg": S. 91.)
Im Unterschied zu der kranken Julika, der ihre
schwesterliche Solidarität gehört (S. 301 f.), ist *Sibylle*
Sibylle nach der Beschreibung des TSs eine gesunde, kraftvolle, heitere Persönlichkeit (S. 250 f.). Im
Gegensatz zu dem unsicheren, mimosenhaften Stiller (S. 106 ff.) wird der Staatsanwalt als „sympathische Persönlichkeit" mit guten Manieren (S. 31), *Rolf*
mit der Fähigkeit, Vertrauen zu erwecken (S. 55),
mit reifer Lebenserfahrung (S. 185) dargestellt.

**Sibylle und Rolf
machen einen
Reifeprozeß durch**

Sibylle ist voller Verständnis für beide Männer, die sich so deutlich voneinander unterscheiden:

> Wieso war's nicht möglich, zwei Männer zu lieben? Stiller war ihr vertrauter, er war nicht ein Mann, der unterwirft. Rolf unterwirft. Das konnte fürchterlich sein, in mancher Hinsicht war es auch einfacher. Rolf verschwistert sich nicht mit der Frau. Einmal streiften sie eine Boje, so daß es ächzte, und Stiller, der von seiner Ausstellung geredet und nicht aufgepaßt hatte, entschuldigte sich. Rolf entschuldigte sich nie; Rolf war selbstgerecht. Um Stiller konnte man Angst haben, um Rolf nicht. Beide zusammen in einer Person, das wäre es gewesen! (S. 284)

Die Stillers bleiben einsam voreinander

Das waren ihre Gedanken, bevor sie nach Amerika ging. Inzwischen war Rolf nicht mehr selbstgerecht, und Sibylle hatte erkannt, „daß die Welt ... keinen Menschen hatte, der ihr näher stehen könnte als dieser Rolf, ihr Mann ..." (S. 316). Offensichtlich haben diese Eheleute zu sich selbst und so auch zueinander gefunden. Stiller dagegen klagt, daß er „ein halbes Leben lang vor einer Tür gestanden und geklopft" habe, „erfolglos", und kann nicht mehr sagen, warum er eigentlich zurückgekommen ist (S. 426). Die Gatten leben weiter in „Einsamkeit voreinander" (S. 427).

Die Nebenfiguren

Dr. Bohnenblust, Knobel, Sturzenegger und Wilfried Stiller

Vom gesamten Romanpersonal sind, abgesehen von dem Viereck der Hauptgestalten, nur vier weitere Figuren so ausgeführt, daß sich ihre Charaktere beschreiben lassen: der Verteidiger Dr. Bohnenblust, der Gefängniswärter Knobel, der Architekt Sturzenegger und der Landwirt Wilfried Stiller, der Halbbruder des Verschollenen. Sie stellen, zusätzlich zu dem gesellschaftlich erfolgreichen Staatsanwalt, weitere, unterschiedliche Formen der Angepaßtheit dar. Nur Wilfried Stiller wird vom Tagebuchschreiber ernst genommen, während er die übrigen Personen mit Spott und Ironie schil-

dert. Die Nebenfiguren treten nur in ‚Stillers Aufzeichnungen im Gefängnis' auf, im ‚Nachwort des
Staatsanwaltes' sind die vier Hauptgestalten wieder unter sich.

Im ‚Nachwort'
nur die vier
Hauptfiguren

Wilfried ist eine Kontrastfigur zu den übrigen Personen des Romans, eine Art ‚unmoderner' Mensch.
Seine Briefe (S. 34/35 und 183) verraten Eigenschaften wie Aufrichtigkeit, Hilfsbereitschaft und
Takt als Merkmale seines Charakters. Beim Besuch
am Grab der Mutter (S. 324–330) tauschen die
Brüder ihre Erinnerungen aus. Wilfrieds Bild von
der Mutter ist von Äußerungen wie: „Jetzt nimm
dich zusammen, wenn du ein rechter Bub sein
willst!" bestimmt, während Anatol sich an eine
Mutter erinnert, die ihn in Schutz nahm: „Jetzt
laßt doch den Bub mal in Ruhe!" Im Wirtshaus
fällt dem Tagebuchschreiber auf:

Wilfried
als Kontrastfigur

> Wilfried redet mit den Leuten, ohne sich dabei
> auch nur um eine Nuance zu verstellen. Das kann
> ich nicht. Warum eigentlich nicht? (S. 327)

Dann gibt er ein Charakterbild seines Bruders:

> Wilfried ist nicht zweideutig, nicht geistreich,
> nicht neugierig, ein Mensch des natürlichen Da-
> seins, nicht des Ausdrucks. Noch wenn ich schwei-
> ge, komme ich mir vor ihm geschwätzig vor. (S.
> 328)

Ob Rolf recht hat, wenn er im ‚Nachwort' eine entsprechende Wandlung bei Stiller feststellt, bleibt
für den Leser offen:

> Stiller selbst, und dies gehört wohl wesentlich zu
> seinem Verstummen, hatte gar kein Verlangen,
> Auskunft zu geben über seine Verwandlung. Auch
> seine neue Arbeit galt ja nicht dem Ausdruck; er
> fabrizierte Teller und Tassen und Schalen, lauter
> nützliche Sachen, meines Erachtens mit viel Ge-
> schmack, aber es war nicht mehr Darstellung sei-
> ner selbst. (S. 409)

Viele Stellen in der Charakteristik Wilfrieds weisen darauf hin, daß der Berichterstatter ihn als
Vorbild sieht und sich ihm gegenüber als geringer
vorkommt. Neben den eben zitierten gibt es noch
zwei weitere wichtige Stellen:

Stiller sieht
den Bruder als
Vorbild an

93

Ich sehe ihn so, wie man als Bub die Männer sieht, alterslos, aber unter allen Umständen überlegen. Ebenso irritiert es mich, daß dieser Mann bei keiner noch so komischen Divergenz unserer Wesen seinerseits irritiert ist, sondern ohne weiteres annimmt, daß mein Leben für ihn zwar unverständlich, für mich aber sicherlich in Ordnung ist, und irgendwie wahrt er dann einfach, indem er sich keineswegs einmischt, eine <u>Distanz der Achtung</u>, die mich jedesmal beschämt, unsicher macht ... (S. 328)

Und doch, in der Tat, ist er <u>der einzige Mensch, bei dem es mir nichts ausmacht, wenn er mich</u>, im Sinn eben einer klaren Sache, <u>mit dem verschollenen Stiller verwechselt</u>, also im Grunde mißversteht. Was heißt denn Verstehen! Freunde müssen einander verstehen, um Freunde zu bleiben; Brüder sind immer Brüder. Warum bin ich nie sein Bruder gewesen? Die heutige Begegnung hat mich doch sehr verwirrt. Wie stehe ich in dieser Welt? (S. 329f.)

Wilfried macht sich kein ‚Bildnis‘ von seinem Bruder

Warum macht es ihm nichts aus, wenn Wilfried ihn „mit dem verschollenen Stiller verwechselt"? Wilfried hat sich kein ‚Bildnis‘ von ihm gemacht, hält „eine Distanz der Achtung" zu ihm, nimmt es hin, daß das Leben des Bruders für ihn „unverständlich" ist. Und gerade Wilfried, obwohl nur ein kleiner Angestellter mit geringem Einkommen, schafft für Anatol die materielle Voraussetzung für einen Neuanfang. Das siebente Heft endet mit der <u>Notiz</u>:

Wilfried Stiller, mein Bruder, habe sich bereit erklärt, den Betrag von Franken 9361,05 zu übernehmen. Ich danke ihm![1] (S. 383)

Wilfried übt tätige Nächstenliebe

Ausgerechnet in einer Nebenfigur hat der Autor den einzigen Menschen versteckt, der in seinem Roman sich kein ‚Bildnis‘ vom Mitmenschen macht, d. h. Nächstenliebe übt, und mit ihm wie ein Christ, ohne viel zu fragen, seine Habe teilt. Damit setzt Wilfried – und nicht Rolf – aber auch den Prozeß der Selbstprüfung in Gang: „Wie stehe ich in dieser Welt?"

---

[1] Die Summe, auf S. 382 spezifiziert, betrifft Schulden, Bußgelder, Steuer- und Versicherungsnachzahlungen, Gerichtskosten u. ä.

Die drei anderen Nebenfiguren sind in satirischer Absicht karikaturhaft gezeichnet. Gleich zu Anfang der Haft tritt Knobel in Erscheinung, der über den Gefangenen „aus der Illustrierten" (S. 18) gut Bescheid weiß. Er war früher Gemüsehändler „unter dem Pantoffel seiner Frau" und trat in den Justizdienst ein, um Kriminellen von Angesicht zu Angesicht zu begegnen, doch fand er im Gefängnis nur „lauter Ehrenmänner", die ihre „Unschuld beteuerten". Also mußte er „ins Kino laufen", um seine Neugier zu befriedigen. Nun kommt ihm Mister White mit seinen Mordgeschichten gerade recht (S. 24–26). „Tonnerwetter!" lautet seine Reaktion, wenn der Häftling erzählt (S. 50–55). „Wie ein Zeitungsleser wartet er auf die täglichen Fortsetzungen" (S. 125) der Mordgeschichten, auf Mr. Whites „Geflunker" (S. 49).

Die anderen Nebenfiguren sind als Karikaturen angelegt

Knobel wartet auf die tägliche Fortsetzung der Mordgeschichten

Feinere Zusammenhänge vermag Knobel nicht zu ahnen. So fragt er nach der Grottengeschichte:

> Knobel scheint etwas verwirrt zu sein.
> „– sind Sie denn Jim White?" fragt er.
> „Nein", lache ich, „das gerade nicht! Aber was ich selber erlebt habe, sehen Sie, das war genau das gleiche – genau." Knobel scheint etwas enttäuscht zu sein. (S. 172)

Er kann Fiktion und Realität nicht unterscheiden und stellt ein Paradebeispiel für die „Fernseher, Fernhörer, Fernwisser" dar, von denen in der Einleitung zur Geschichte von Florence (S. 185–187) die Rede war. Schließlich ist es ihm furchtbar peinlich, daß er der einzige gewesen ist, der dem Erzähler geglaubt hat (S. 201).

Der Verteidiger Dr. Bohnenblust setzt die Konformismus-Typologie, die auf der subalternen Ebene begonnen hatte, auf dem akademischen Niveau fort. Er wird als typischer Schweizer eingeführt, der an die Schweiz glaubt:

Verteidiger Dr. Bohnenblust als Typ des angepaßten Schweizers

> Jeder Gedanke, der die Schweiz etwa in Frage stellt, erstickt unter einer Fülle historischer Tatsachen, die nicht zu bestreiten sind, und am Ende, wenn man seine Schweiz nicht einfach lobt, hat man immer unrecht... (S. 21)

Für ihn ist die
Wahrheit in den
Büchern zu lesen

Als White ihm von seiner Tätigkeit für einen korrupten Minister in Mexiko erzählt hat, will er ihm anhand eines „Buch(es) aus der Städtischen Bibliothek" beweisen, daß er gelogen habe, denn da stehe etwas ganz anderes über Mexiko drin:

> Es macht ihn nervös, wenn es nicht mit rechten Dingen zugeht, und vor allem kann er als ein rechtschaffener Schweizer es nicht haben, daß man sich über Mißstände amüsiert, statt sie zu verurteilen und mit Entschiedenheit hinter den Eisernen Vorhang zu verweisen ... (S. 38)

Immerhin bestätigt die Schweizerische Gesandtschaft in Mexiko dem Verteidiger viele Einzelheiten aus Whites Erzählung, fügt aber hinzu, daß nie ein Schweizer Staatsbürger auf einer Hazienda dort gearbeitet habe. Das nimmt Dr. Bohnenblust als Widerlegung, der Gefangene jedoch für einen Beweis, daß er nicht Stiller, sondern White sei (S. 45). Die „wilde Weibergeschichte", welche White an die Erzählung von der Katze ‚Little Grey' anhängt, glaubt ihm der Verteidiger und verspricht Diskretion gegenüber Frau Stiller (S. 63). Warum der Gefangene von dem Familienalbum unbeeindruckt ist, das Anatol in allen Lebenslagen zeigt, kann er nicht verstehen:

> Umsonst versuche ich ihm klarzumachen, daß ich die volle und ganze Wahrheit selber nicht weiß ... (S. 67)

Auch als White ihm anhand des Märchens von Rip van Winkle seine Situation als Heimkehrer erläutern will, bleibt der Verteidiger verständnislos. Während Knobel Fiktives und Reales nicht unterscheiden kann, vermag Dr. Bohnenblust nicht einzusehen, was ein Märchen mit der Wahrheit zu tun hat (S. 76 f.). Was nicht in sein Weltbild paßt, weist er von sich. Als White ihm einen Traum erzählt, in dem er Stillers Waffenrock trägt und von einem Hauptmann schikaniert wird, nimmt er das nicht etwa – wie der Leser – als einen Hinweis auf die Identität von White und Stiller, sondern „ist sichtlich ungehalten".

Er weiß nicht, was
Märchen oder
Träume mit der
Wirklichkeit zu
tun haben sollen

In einem längeren Gespräch über die Schweiz zeigt der Verteidiger seine Humorlosigkeit „gegenüber der Tatsache, daß die Schweiz nicht nur ein kleines Land ist, sondern durch den Lauf der Welt immer noch kleiner wird" (S. 195).

Am deutlichsten wird seine Mentalität in dem über drei Seiten langen Referat charakterisiert, das der Tagebuchschreiber von der Rede des Verteidigers anläßlich des Sühnetermins in Stillers Atelier gibt (S. 370–373). Das ganze bürgerliche Verdrängungs- und Verharmlosungsvokabular wird da eingesetzt, um den Gefangenen zum Geständnis zu bewegen:

> Mein Verteidiger redet immerzu: Also Kopf hoch, nirgends so schön wie in der Heimat, ab und zu eine Reise natürlich, damit wir die Heimat aufs neue schätzen lernen, aber Wurzeln braucht der Mensch und gewiß auch der Künstler in mir, Wurzeln, darauf kommt es an, Wurzeln und nochmals Wurzeln, Millionen ohne Heimat, also Dankbarkeit meinerseits am Platze, nicht alles von der bösen Seite sehen... (S. 371)

Wieder ein anderer Typ ist der Architekt Sturzenegger, der anhand der Toledo-Geschichte eingeführt wird. Da Stiller sich auf der Atelier-Fete, auf der er Julika zum ersten Mal sah, sträubte, die Geschichte zu erzählen, übernahm sein Freund Sturzenegger diese Aufgabe (S. 140). Von ihm erfuhr auch Sibylle diese Geschichte (S. 210 und 255). Denn Sturzenegger baut für Rolf „ein Haus von konsequenter Modernität" (S. 224), das in der Fachwelt gelobt wird, und Rolf hielt ihn zunächst für den Liebhaber seiner Frau. Sturzenegger wird als umgänglicher, anpassungsfähiger, allseits beliebter Gesellschaftsmensch geschildert, der viele Bekannte hat und viele Beziehungen pflegt. Die Begabung, die dazu nötig ist, wird in dem Bericht vorgeführt, den der Tagebuchschreiber von Sturzeneggers Besuch im Gefängnis gibt (S. 241–249). Es ist die Beherrschung der „Mechanik in den menschlichen Beziehungen", die „wie ein Automat" funktioniert, in den man oben den Namen dessen eingibt, mit dem man es gerade zu tun hat, und unten kommt dann „die dazugehörige Umgangsart" heraus, „das Klischee einer menschlichen Beziehung".

Man kann sich vorstellen, daß dieser Mann auf diese Weise eine Fülle von beruflichen und persönlichen Beziehungen anzuknüpfen und aufrechtzuerhalten vermag. Die Kehrseite eines solchen Charakters zeigt der weitere Verlauf des Gesprächs, in dem der Besuchte wissen möchte, welches Konzept der Architekt Sturzenegger für die Altstadtsanierung hat. Der Tagebuchschreiber bemängelt, daß man sich in Zürich zwischen den beiden Möglichkeiten, „die Stadt der Vorfahren zu erhalten" oder „die Stadt unserer Zeit" zu bauen, ‚hindurchsaniere'. Es stellt sich heraus, daß Herr Sturzenegger kein Konzept hat. Lächelnd, mit einer „Miene der fidelen Resignation", spricht er von der Praxis, „voll wurstiger Munterkeit einer unberührten Seele".

Er hat kein Konzept, redet ohne innere Anteilnahme von Ideen

Schließlich reagiert er auf die Einwände seines Gesprächspartners launig:

> Du bist immer noch der alte... Immer etwas niederreißen! Immer destruktiv! Wir kennen dich ja – du alter Nihilist! (S. 249)

„Typen wie dieser Sturzenegger (und wie mein Verteidiger)", faßt der Tagebuchschreiber zusammen,

> Leute der fidelen Resignation, die kein Ziel mehr haben außer ihrer Bequemlichkeit, von Nihilismus reden, sobald jemand noch etwas will,

bringen einen „um jeglichen Humor" (S. 249).

5. Raumstruktur

Gefängnis – Außenwelt

Raumgegensätze haben symbolische Bedeutung

Die Raumstruktur des Romans ist in einer Reihe von Gegensätzen angelegt, die auch eine symbolische Bedeutung haben. Der erste Teil, die ‚Aufzeichnungen‘, ist durch den Gegensatz zwischen Gefängnis und Außenwelt bestimmt. Von draußen werden die Dokumente aus Stillers Leben hereingetragen, Bekannte und Angehörige Stillers hereingeführt, nach draußen bringt man den Gefangenen zu Lokalterminen an die Schauplätze, an denen sich Stillers Leben abgespielt hat. Im Gefängnis aber versucht der Gefangene immer noch, seine Hoffnung, sich selbst zu entgehen, aufrechtzuerhalten. Bis er, mit der Außenwelt konfrontiert, allmählich aufgeben muß:

> Diese Hoffnung ist mein Gefängnis. Ich weiß es, doch mein Wissen sprengt es nicht, es zeigt mir bloß mein Gefängnis, meine Ohnmacht, meine Nichtigkeit. Ich bin nicht hoffnungslos genug, oder wie die Gläubigen sagen würden, nicht ergeben genug. Ich hörte sie sagen: Ergib dich und du bist frei, dein Gefängnis ist gesprengt, sobald du bereit bist, daraus hervorzugehen als ein nichtiger und ohnmächtiger Mensch. (S. 343)

Die Hoffnung, ein anderer werden zu können, ist Stillers ‚Gefängnis‘

Dazu kommt die Spannung zwischen der Schweiz, deren Justiz sich bemüht, die Identität des einsitzenden Mr. White mit dem verschollenen Stiller nachzuweisen, und Amerika, dessen Landschaft und Kultur der TS in seinen Geschichten und Schilderungen in das Gefängnis hineinholt. Was er dort erlebt hat, hält er seinen schweizerischen Gesprächspartnern als Gegenbild ihrer kleinstaatlichen Enge vor. Nur dem Staatsanwalt gegenüber ergibt sich eine andere Konstellation. Denn da ist Amerika ein gemeinsames Gesprächsthema, aber die beiden Amerikabilder stehen im Kontrast zueinander. Rolf hat in New York „einen offenbar unvergeßlichen Abend verlebt“ (S. 176), weil er dort „seine Gattin nach jahrelanger Trennung“ traf und nach Zürich heimholte. Deshalb „schwärmt“ er

Rolf und Stillers unterschiedliche Erinnerungen an New York

von Amerika. Sein Gesprächspartner jedoch bringt die Rede auf Stadtviertel, „wo auch die Polizei nicht mehr hingeht" und wo er in einem erschlagenen Greis seinen Stiefvater erkannt haben will (S. 177 f.).

Stiller scheint in Amerika nur immer auf seine eigenen Probleme gestoßen zu sein. So wird ihm eine Negerin, die sich für eine Hochzeit weiß gepudert hatte, zum Symbol der „Absurdität unserer Sehnsucht, anders sein zu wollen, als man ist" (S. 193), während die Katze ‚Little Grey' in seiner Erinnerung immer mehr mit dem Bild seiner Frau Julika zusammenfließt (S. 61 f., 187 f., 191, 194, 339, 380).

Bedenkt man die kritischen Äußerungen über die Schweiz, so zeigt sich ein Unterschied zwischen Stillers Bemerkungen, die er vor seiner Flucht gemacht hat, und dem, was er nach seiner Rückkehr dazu gesagt hat.

Sibylle gegenüber („Es ist komisch..., wie böse du jedesmal wirst, wenn du von der Schweiz redest") kritisiert Stiller die Rüstungsgeschäfte der Schweiz mit Nazideutschland (S. 266). Es ist das Jahr 1945. Der Tagebuchschreiber White objektiviert seine Schweizkritik sieben Jahre später aus der Sicht des Landesfremden, zunächst in Form von Beobachtungen: „Man hat hierzulande eine fast krankhafte Angst vor Unrat, scheint es" (S. 16). Die Schweizkritik wird auch deutlich sichtbar bei der Charakterisierung von Personen, z. B. des Verteidigers („Er weiß sehr viel, zuverlässig wie ein Lexikon, vor allem in schweizerischen Belangen...": S. 21). In einem Streitgespräch mit dem Verteidiger regt sich der TS darüber auf, daß die Schweizer die Freiheit „als ein schweizerisches Monopol" betrachten statt „als ein Problem" (S. 197). Dem Verteidiger kommt die kritische Haltung seines Mandanten gegenüber der Schweiz verdächtig vor:

> Ihr Haß gegen die Schweiz beweist mir noch lange nicht, daß Sie kein Schweizer sind. Im Gegenteil! ruft er, da ich lache, gerade damit verraten Sie sich! (S. 196)

Kritik an der Schweiz

Wie ein Fremder beschreibt der TS aus der Distanz
und mit detaillierter Genauigkeit Zürich, „ein rei-
zendes Städtchen" (S. 77), mit seinem „schmalen
See, etwa von der Breite des Mississippi", das „etwas Kurorthaftes" hat (S. 78). Doch mit einem Ne-
bensatz verrät er sich wieder als Einheimischer:

> Je näher man wieder zum See kommt, wo die
> Fremden gewissermaßen ihre eigenständige Atmo-
> sphäre schaffen, die sie dann für die Atmosphäre
> von Zürich halten, um so weniger fällt es auf, wenn
> man fröhlich ist und auf offener Straße etwa
> lacht… (S. 79)

Nachdem Stiller seine wahre Identität, d. h. auch
sein Schweizertum, wieder angenommen hat,
bleibt ein Vorbehalt, gehört die Verbundenheit mit
der ‚Fremde' zu seinem Selbstverständnis, in das er
auch Julika einbezieht, die lange in Paris gelebt
hat. Als Rolf und Sibylle nach Glion kommen, notiert der Nachwortverfasser:

**Vorbehalt gegen
die Schweiz bleibt**

> Stiller gab sich fröhlich, etwas zu fröhlich, nahm
> seine Frau am Arm und stellte vor: „ein schweize-
> risches Inland-Emigranten-Ehepaar". (S. 389)

Amerika

Amerika als Gegenbild zur reinen und ordentli-
chen Schweiz, als Bild ursprünglichen Lebens, gilt
in Stillers ‚Aufzeichnungen' vor allem für Mexiko,
das sich der Häftling in seiner Zelle vor die Augen
zaubert (S. 26 ff.). Ihn fasziniert dort die Haltung
der Menschen gegenüber Leben und Tod, ihre
„Hingabe an das unerläßliche Stirb und Werde" (S.
321). Der Erinnerung an den Totentag in Mexiko
folgt der Besuch der Stiller-Brüder am Grab der
Mutter. Dort der selbstverständliche Einklang von
Leben und Tod, hier die Verlegenheit europäischer
Christen dem Tod gegenüber:

**Mexiko als
Gegenbild der
modernen Welt**

> Wir stehen lange so da, während es auf dem
> schwarzen Schirm leise trommelt, beide wortlos,
> beide gebärdelos wie eben zwei Protestanten…
> (S. 325)

Durch einen räumlichen Gegensatz sind auch die
‚Aufzeichnungen' des ersten Teils vom ‚Nachwort',
dem zweiten Romanteil, getrennt. Dort war von der
weiten Welt die Rede und von der Hauptstadt Zü-

rich, die dem TS zwar „provinziell" vorkommt (S.
79), aber doch einen Mittelpunkt modernen Lebens
bildet. Zudem liegt Paris, woher Julika anreist (S.
81), sozusagen ‚vor der Tür'. In Glion aber hausen
die Stillers nun in der Abgeschiedenheit, so daß
man mit dem Auto nicht hinkommen kann (S. 391),
sondern einen steilen Fußweg hochklimmen muß
(S. 393). Eine „Tafel aus falschem Marmor" (S. 397)
nennt das von Stiller nur vage beschriebene, aber
hochgelobte Chalet (S. 390 f.) „Mon repos" (S. 397).
In Wirklichkeit zeigt das Haus zahlreiche Zeichen
von Verfall und weist so auf das traurige Ende der
Stillerschen Ehe hin. Der Erzähler Rolf hat das Gefühl,

**Glion als Schau-
platz des Endes
der Ehe und des
Todes**

> als wären Stiller und seine Frau überhaupt nicht
> mehr da, nicht mehr in Glion, nicht mehr auf der
> Erde, verschwunden unter Hinterlassung dieser
> skurrilen Kitschigkeit, die nie zu ihnen gehört hat-
> te... (S. 411)

Trotzdem meint Rolf, der Stillers Schweiz-Kritik
in den ‚Aufzeichnungen' als „Keifereien" bezeichnet,

> daß unser Freund, nachdem er sich selbst endlich
> angenommen, keinen Grund mehr hatte, den
> Fremdling zu spielen; er nahm es an, Schweizer zu
> sein. (S. 414)

Ob Rolf mit dieser Vermutung recht hat, bleibt für
den Leser offen.

6. Symbolik und Motivstruktur

Viele Einzelheiten und Motive des Romans sind mit symbolischer, d. h. sinnbildlicher Bedeutung aufgeladen. Diese Einzelheiten und Motive sind so über den Roman verteilt, daß sich daraus eine Struktur ergibt, welche die erzählerische Vielfalt zu einer Einheit verbindet. Manche Motive haben eine thematische Schlüsselfunktion, d. h. es sind Leitmotive. Dazu gehört z. B. die Geschichte von Stillers Kampfeinsatz an der Tajo-Fähre bei Toledo im Spanischen Bürgerkrieg, die er in Gesellschaft als Heldenanekdote (S. 139 ff., 210) zu erzählen pflegt. Sibylle aber bei ihrem Besuch im Atelier (S. 267 ff.), Julika beim Abschied in Davos (S. 142: die das gar nicht verstehen kann, da sie nur die Anekdote kennt) und in der Generalbeichte der ‚Aufzeichnungen' (S. 335 f.) erzählt er sie als Geschichte einer „Niederlage". Er macht sie selbst zum Symbol seiner Selbsteinschätzung als „Versager" (S. 268), seiner angeblich nicht vorhandenen Männlichkeit. Bei Sibylle will er zunächst um das Erzählen herumkommen und führt ihr deshalb mit allen Einzelheiten den Stierkampf vor (S. 257 ff.), wobei er interessanterweise im Spiel den männlichen Part des Torero wider ihre Erwartung Sibylle zuteilt und die Rolle des Opfers, des Stiers, übernimmt. Sibylle möchte nicht an der darin verborgenen Selbstdeutung Stillers teilnehmen, sondern weist das Problem von sich:

> Wer verlangt von dir, daß du ein Kämpfer bist, ein Krieger, einer, der schießen kann? Du hast dich nicht bewährt, findest du, damals in Spanien. Wer bestreitet es! Aber vielleicht hast du dich als jemand bewähren wollen, der du gar nicht bist –. (S. 269)

Sibylle möchte einen Stiller ohne Minderwertigkeitskomplexe.

Leitmotive mit symbolischer Funktion als Kompositionsmittel

Zweideutigkeit der Toledo-Geschichte als Heldenanekdote und Symbol der Niederlage

Erst später wird 2)
das Bild zum
Symbol

Die „Geschichte mit dem Kleiderstoff" (S. 204 ff.) beginnt wie eine realistische Erzählung, das Paket wird wie ein tatsächlich existierendes Requisit beschrieben:

> In der Tat, nach dem Zipfelchen zu schließen, war es ein ziemlich beschissener Stoff, spröde, alles andere als Wolle, keine Rede von fünfzig-zu-fünfzig, dazu ein Muster, wie er selbst (mein Staatsanwalt) es nie und nimmer tragen möchte, so etwas Ordinär-Kleinliches; dazu fleischfarben! (S. 213)

Die Bemerkung in Klammern holt die Erzählung in die Gegenwartshandlung, den Prozeß gegen White, zurück, so daß der Leser sich bei den Einzelheiten der Beschreibung („beschissener Stoff, spröde", „ein Muster, wie er selbst ... es nie ... tragen möchte", „dazu fleischfarben") nichts Besonderes denkt. Erst im Gespräch des Staatsanwalts mit dem Gefangenen, in der Reflexion, wird das Ding mit symbolischer Bedeutung aufgeladen, so daß dem Leser der Sinn des ganzen Erlebnisses in Genua aufgeht (S. 321):

Deutung des
Bildes vom „fleisch-
farbenen Stoff"

> Die meisten von uns haben so ein Paket mit fleischfarbenem Stoff, nämlich Gefühle, die sie von ihrem intellektuellen Niveau aus nicht wahrhaben wollen ...

Erst hier wird dem Leser klar, was die Einzelheiten der Beschreibung des Stoffs für eine symbolische Bedeutung haben. Sie drücken das Nicht-wahr-haben-wollen aus. Daß nur ein „Zipfelchen" zu sehen ist, bedeutet, daß wir unsere Gefühle zu wenig kennen:

> Die meisten von uns ... haben selbst bei gutem Willen bereits die allergrößte Mühe herauszufinden, welcher Art ihre tatsächlich vorhandenen Gefühle sind ... (S. 321 f.)

Symbolisiert werden also innere Zustände und Vorgänge der Romanfiguren.

Das Selbstmord- 3)
motiv erst vom
Ende der ‚Auf-
zeichnungen' her
verständlich

Gerade das thematisch wichtigste Leitmotiv, der Selbstmord, kann in seiner Funktion eigentlich erst vom Ende der ‚Aufzeichnungen' her und aus der Kenntnis des Ganzen verstanden werden. Die Erzählung von seinem Selbstmordversuch in Amerika bildet die Pointe dieser ‚Aufzeichnungen', worauf der Erzähler einleitend hinweist:

> Jetzt, ich sehe es im vollen Bewußtsein meiner Ohnmacht, wäre der Augenblick da, alles zu sagen, die Wahrheit zu sagen. Aber was ist dies mein Alles! ... (S. 378)

Den „Schrecken", den er, zwischen Leben und Tod schwebend, damals erlebt hat und den er seinen „Engel" nennt (nun endlich erfährt der Leser, was er damit meint), beschreibt er so:

> Es war, fade gesprochen, eine große Verblüffung, etwa wie wenn man von einer Mauer springen würde, um sich zu zerschmettern, aber der Boden kommt nicht, er kommt nie, es bleibt Sturz, nichts weiter, ein Sturz, der auch wieder gar keiner ist, ein Zustand vollkommener Ohnmacht bei vollkommenem Wachsein, nur die Zeit ist weg..., die Zeit als Medium, worin wir zu handeln vermögen; alles bleibt wie gewesen, nichts vergeht, alles bleibt nun ein für allemal... (S. 379)

Als ein Mitgefangener („er wäre der einzige gewesen, dem ich meine Erfahrung hätte mitteilen können – die sonst kaum mitteilbare Begegnung mit meinem Engel") sich das Leben nahm, interpretiert der TS das Phänomen folgendermaßen:

Deutung des Selbstmords als „Illusion"

> Wieder einmal das bekannte Gefühl: fliegen zu müssen, auf der Brüstung eines Fensters zu stehen ... und keinerlei Rettung zu haben, wenn nicht durch plötzliches Fliegen-Können. Dabei die Gewißheit: Es hilft gar nichts, sich auf die Straße zu stürzen, Selbstmord ist Illusion... (S. 85)

Dennoch erfaßt den ins Leben zurückgekehrten Stiller eine ungeheure Euphorie:

Gefühl des Wiedergeborenseins

> Ich hatte ein Leben, das nie eines gewesen war, von mir geworfen. Mag die Art, wie ichs gemacht hatte, lächerlich sein. Es blieb mir die Erinnerung an eine ungeheure Freiheit: Alles hing von mir ab. Ich durfte mich entscheiden, ob ich noch einmal leben wollte, jetzt aber so, daß ein wirklicher Tod zustande kommt. Alles hing nur von mir ab, ich sagte es schon. Näher bin ich dem Wesen der Gnade nie gekommen... Ich hatte die bestimmte Empfindung, jetzt erst geboren worden zu sein... (S. 381)

**„Selbstannahme"
heißt das Thema**

Erst von dieser Stelle aus kann im Grunde der erste Satz („Ich bin nicht Stiller!") in seiner vollen Bedeutung und der Roman als Widerlegung der Illusion erfaßt werden, daß Stiller „ein Leben weggeworfen" habe, „das keines gewesen war". Der erste Teil hat die Rückkehr dieses ,weggeworfenen' Lebens zum Inhalt, der zweite Teil handelt von seiner Fortsetzung, denn „Selbstannahme" (S. 323, 408) lautet das Thema. Die Erzählung vom mißglückten Selbstmord ist also Höhepunkt und Wende der ganzen Handlung. Sie wird vorbereitet durch eine ganze Reihe von Vorausdeutungen:

1. Heft:
Wilfried teilt in seinem Brief mit, daß Alex sich das Leben genommen hat (S. 35).
Julika entdeckt die Narbe „über dem rechten Ohr" (S. 68).
Ein Mitgefangener kündigt seinen Selbstmord an (S. 69).
Er führt ihn aus; der Erzähler kommentiert (S. 84 f.).

5. Heft:
Besuch der Eltern des jungen Pianisten Alex Haefeli, der sich das Leben genommen hat (S. 235–240).

6. Heft:
Stillers Spanienerzählung („eigentlich suchte ich damals bloß meinen Tod": S. 265).

7. Heft:
Stiller macht dem Staatsanwalt gegenüber Andeutungen über seinen Engel (S. 355).

**Ein wirklicher Tod
ist Vollendung,
nicht Flucht aus
dem Leben**

Die Todeserfahrung als Sturz aus der Zeit heraus hat dem ins Leben zurückgekehrten Stiller klargemacht, daß der wirkliche Tod ein wirkliches Leben zur Voraussetzung hat, zu dem man sich bekennt, nicht die Flucht vor einem Leben, das man loswerden möchte („ob ich noch einmal leben wollte, jetzt aber so, daß ein wirklicher Tod zustande kommt": S. 381).

**Symbolreihen 4)
charakterisieren
die Ehe Stiller – a)
Julika**

Die Ehegeschichte der Stillers ist durch mehrere wiederkehrende Symbole markiert. Die komplizierte Beziehung wird einmal mit dem Symbol des Kreuzes erfaßt. Als der TS Julika die Geschichte

von Isidor erzählt (S. 56), fügt er die „Wundmale"
aus einem eigenen Traum hinzu, in dem er selbst
und „die Dame aus Paris" stigmatisiert erscheinen
(S. 63). Dabei interpretiert er die Ehe mit der Vermutung, es gehe zwischen den Ehegatten darum,
„wer das Kreuz ist und wer der Gekreuzigte".
Nachdem Julika immer nur den alten Stiller in ihm **Kreuz**
sieht, fällt ihm der „Traum mit den Wundmalen" **und Wundmale**
wieder ein (S. 83). Ein späterer Traum hat Julikas
Verrat zum Inhalt (Vorausdeutung auf die „Verräterin": S. 368): Gefangene der Deutschen müssen
Fotos an die Bäume heften, „das ist's, was sie
‚kreuzigen' nennen". Stiller kreuzigt also „Julika, **Idee, daß er**
das Foto von der Balletteuse..." (S. 333f.). Im **seine Frau**
Nachwort greift Rolf das Bild auf und spricht von **ermordet habe**
ihrer Ehe als von einem Kreuz (S. 426).
Auch die mehrfach wiederholte Behauptung Stillers, er habe seine Frau ermordet (S. 25; S. 32), gehört zu dem komplexen Symbol- und Motivzusam-
menhang, der das schwierige Verhältnis zwischen
Julika und Stiller illustrieren soll.
Stiller gibt mit dieser Behauptung seine eigene **Stillers schlechtes**
Einschätzung wieder, die Schuld, die er in der Be- **Gewissen durch**
ziehung zu Julika auf sich geladen hat. Sein **die Freunde des**
schlechtes Gewissen ist jedoch nicht zuletzt ge- **Paares genährt**
nährt dadurch, daß Bekannte des Paars äußerten,
„womit diese Julika es verdient hat", mit diesem
Mann verheiratet zu sein (S. 111). Sie bedauerten,
daß sie es sicher „nicht leicht mit ihrem neuroti-
schen Gemahl" habe (S. 110). Auch Sibylle reagiert
nach Stillers Besuch in Davos (S. 150f.), als er ihr
davon erzählt, so:

> Das hättest du nicht tun sollen... Dazu haben wir
> kein Recht. Ich selber bin schuld, ich weiß. Das ist
> doch Wahnsinn, Stiller, das ist doch Mord... (S.
> 302)

In dem Gespräch über Stillers Schuld, das Rolf im **Stillers Haßliebe**
‚Nachwort' wiedergibt, klingt sein Bekenntnis „Ich
habe sie kaputt gemacht" (S. 420, 425) allerdings
eher wie eine Pose des Selbstmitleids, wenn er fort-
fährt:

> Ich begreife sie nicht. Das ist alles. Ich finde sie
> nicht. Dann hasse ich... (S. 420)

Ich habe sie gedemütigt, und sie mich nicht? (S. 425)

Dieser Mensch ist böse! Sie ist es geworden, kann sein, durch mich. Damals. Und eines Tages kann man die Liebe nicht mehr glauben... Ich komme zu spät! (S. 428)

White und ,Little Grey' als Spiegelbild von Stiller und Julika

Was Stiller hier meint, wird deutlicher, wenn man die Katze ,Little Grey' hinzunimmt, in der sich das Bild, das er von Julika hat, spiegelt. Als er dem Verteidiger von ihr erzählt und dieser das für ein unwichtiges Detail hält, wendet er ein: „Dabei war diese Katze, wie ich heute glaube, der erste Vorbote" (S. 61). Was durch diesen „Vorboten" angekündigt sein soll, sagte der TS nicht. Der Leser bezieht ihn auf den Selbstmordversuch. Es war in Oakland/California, und er durfte im Haus wohnen, wenn er dafür die Katze fütterte. Wenn sie ihn störte, warf er sie hinaus. Doch fand sie wieder ins Haus:

> Es wurde ein richtiger Kampf, ein lächerlicher Kampf auf Ausdauer, ein fürchterlicher Kampf; nächtelang lag ich schlaflos, weil sie um meine Hütte jaulte und mich der ganzen Nachbarschaft als grausamen Menschen verschrie... Ihr Blick drohte mit Sterben... (S. 62)

Er kommt von Julika und ,Little Grey' nicht los

Es ist genau wie bei Julika, durch deren Krankheit er sich an sie gefesselt weiß (S. 151). Auch das Gefühl der eigenen Minderwertigkeit gegenüber Julika überträgt er auf die Katze:

> Ich pflegte sie, bis sie wieder zu schnurren anfing und um meine Hosenbeine streifte, aber wenigstens lebte sie, wenn auch mit der Miene einer Siegerin... (S. 339)

> Wie eine Siegerin, die ja nichts dafür kann, daß ich immer wieder unterliege, oder wie eine Mutter, eher noch wie eine Mutter, die ihren etwas unverbesserlichen Buben trotz allem so liebhat, lächelt sie... (S. 377)

In den Augen der anderen erscheint sein Verhalten in beiden Fällen als „grausam":

> Das war die Wunde an ihrer Schnauze. „And you don't feel any pity for her?" sagte sie, „you are

cruel, you don't love her." Und damit bot sie mir
das Biest herüber. „You should love her!" (S. 194)

„Getrennt?" fragte sie, „was heißt das? Du kannst
sie doch nicht einfach –" Stiller kam ihr grausam
vor, unmenschlich; seine Handlung entsetzte sie …
(S. 301)

Daß Stiller sie in den Eisschrank sperren will (S.
62, 187, 339), symbolisiert Julikas „Frigidität" (S.
86, 98), über die er sich im ‚Nachwort' bei Rolf beklagt („Hat gar kein Bedürfnis. Laß mich! sagt sie,
und dann stehst du da …: S. 420). In der Erinnerung (S. 339) und im Traum (S. 380) fließen dann
die beiden Figuren ineinander.

Auch Motive, die nicht der Charakterisierung von
Figuren und ihren Beziehungen dienen, sind so
über den Roman verteilt, daß durch ihre Wiederkehr als Leitmotiv eine Thematik entfaltet wird,
die das Umfeld der Handlung betrifft. Ein gutes
Beispiel für ein derartiges Motiv ist das Stichwort
‚Illustrierte'. Es kommt schon bei Stillers Verhaf- $5)$
tung vor. Ein Schweizer Mitreisender erkennt Stiller anhand eines Bildes in der Illustrierten (S. 12).
Der Gefängniswärter Knobel hat seine Information
über Stiller und seine Frau Julika, die Tänzerin,
aus der Illustrierten (S. 18). „Wie ein Zeitungsleser" wartet er „auf die täglichen Fortsetzungen"
der Lebensgeschichte des Häftlings (S. 125). Julika
sieht sich selbst in der Illustrierten abgebildet und
findet:

> Der Text darunter: in der üblichen Weise etwas
> blöd, aber wenigstens nicht grundfalsch, was für
> dieses Blatt, wie Julika fand, schon viel war … (S.
> 127)

Die Kritik von Stillers Bruder Wilfried ist schärfer:

> In jener Illustrierten, die über die Tänzerin Julika
> und ihren verschollenen Mann unterrichtete, war
> auch eine große Reportage über moderne Schäd-
> lingsbekämpfung, die Wilfried, als ich im Ge-
> spräch darauf komme, zum Lachen bringt; nicht
> einmal in dieser Sache stimmt es, was die Illu-
> strierte verkündet … (S. 328)

**Das Stichwort
‚Illustrierte'**

**Kritik an der
Zuverlässigkeit der
Information durch
die Illustrierte**

109

Wilfried liest das Blatt als Landwirt, der in der Sache Bescheid weiß. Übrigens möchte Julika gern wieder in die Illustrierte kommen. Als sie, aus dem Sanatorium ausgebrochen, im Tal auf den Anschlußzug wartet, heißt es:

> Sie hatte ihren Dienstmann geschickt, einige Zeitungen zu kaufen, insbesondere jene schweizerische Illustrierte, als bestünde trotz allem die märchenhafte Möglichkeit, daß Julika noch immer auf der Titelseite tanzte... (S. 137)

Thema: ‚Zeitalter der Reproduktion'

So dient das Illustriertenmotiv der Entfaltung des Themas vom ‚Zeitalter der Reproduktion' (S. 185–187). Daher gehört auch der Film zu diesem Motiv, denn auch dorther beziehen die Menschen ihr Wissen von der Welt. Stiller weiß es und streut deshalb in seine Amerika-Erzählungen Bemerkungen ein wie die folgenden:

> Markt in Mexiko! Man erinnert sich an Farbfilme, und genau so ist es, malerisch, sehr malerisch... (S. 29)

> Und ich wage ihr weißes Lächeln in dem braunen Gesicht nicht zu beschreiben; auch dieses Lächeln kennt man ja aus Kulturfilmen, aus Zeitschriften oder sogar aus einem Varieté in diesem Städtchen hier, ich weiß, und ihre seltsame Stimme gibt es auf Platten, fast ihre Stimme... (S. 187)

7. Zur Funktion von Stillers Geschichten

Zur Beantwortung der Frage, wozu der TS seinen Gesprächspartnern Geschichten erzählt, erhält der Leser zahlreiche Hinweise im Text. Der TS äußert sich wiederholt darüber, wie schwierig (S. 18), ja daß es fast unmöglich sei, „sein wirkliches Leben" zu erzählen (S. 64), weil er „keine Sprache für die Wirklichkeit" habe (S. 84). Da ist sein Verteidiger ganz anderer Ansicht. Als der TS ihm, um ihm „aus seinem nachgerade ergreifenden Mißverständnis" der Lage seines Mandanten „herauszuhelfen" (S. 70), das Märchen von Rip van Winkle erzählt, reagiert dieser verständnislos.
Auch realistische Berichte seines Mandanten, z. B. über seine Tätigkeit auf einer mexikanischen Hazienda, die einem korrupten Minister gehörte, finden seinen Glauben nicht. Er schaut in einem „Buch aus der Städtischen Bibliothek" nach und findet dort ,schwarz auf weiß' die Auskunft, daß es in Mexiko keinen Grundbesitz gebe:

> Warum erzählen Sie mir solche Hirngespinste?... Sie müssen doch einsehen, daß wir auf diese Weise nie weiterkommen. Es stimmt einfach nicht! Wahrscheinlich sind Sie nie in Mexiko gewesen. (S. 38)

Durch die leicht karikierende Darstellung eines Menschen, der nur auf „Tatsachen" schwört, um sich ein Bild von einem Mitmenschen zu machen (S. 18), wird der Leser motiviert, gerade auf die „Märchen" und „Hirngespinste" in dem Roman zu achten. Daß diese Geschichten Signale für verborgene Zusammenhänge darstellen, wird schon an der „wahren Geschichte" von Isidor, dem Apotheker, der bei der Fremdenlegion landet, deutlich. Der TS will sie Julika erzählen, um sie davor zu warnen, ihn so zu behandeln, wie die Apothekerfrau ihren Mann behandelt hat. Daß sie ganz speziell an Julika adressiert ist, geht daraus hervor,

Die Schwierigkeit, das eigene Leben zu erzählen
(S. 18, 64, 84)

Motivierung des Lesers für die Beachtung der Geschichten

1. Isidorgeschichte

Julika versteht die Warnung nicht

daß der TS sie ihr in einer anderen Version erzählt (S. 56), als er sie zunächst formuliert hatte (S. 41–45). Julika versteht die Warnung jedoch nicht und reagiert genauso wie Isidors Frau:

Reaktionen Julikas

Wo bist du nur so lange gewesen? (S. 43)

Warum hast du nie auch nur eine Karte geschrieben? (S. 43)

Das hättest du wirklich nicht tun dürfen! (S. 44)

Wo bist du nur all die Jahre gewesen? (S. 59)

Warum hast du nie geschrieben? (S. 59)

Einfach zu verschwinden! ... einfach nichts mehr von sich hören zu lassen! (S. 59)

Auf diese Weise werden gleich zu Beginn die Verständigungsprobleme veranschaulicht, welche das Verhältnis der beiden Ehegatten charakterisieren.

Eine Vielfalt unterschiedlicher Geschichten und Schilderungen

Eine Zusammenstellung aller Amerika-Texte des Erzählers der ‚Aufzeichnungen‘ zeigt eine große Vielfalt. Von zentraler Bedeutung sind das Märchen von Rip van Winkle, mit dem der TS seine Situation als zurückkehrender ‚Verschollener‘ verständlich machen will, und die Höhlengeschichte, welche das Erlebnis der Wiedergeburt nach dem mißglückten Selbstmordversuch (S. 381) illustriert und zeigt, woher Stiller den Namen James Larkin White genommen hat (S. 171):

Heft/Seite	Adressat	Inhalt
1. 25	Knobel	Mordgeschichte ‚Haaröl-Gangster‘
26–30	Leser	Mexiko: Wüste, ‚schwimmende Gärten‘
36–39	Verteidiger	Mexiko: Arbeit auf Hazienda
41–45	Leser	Geschichte von Isidor
46–48	Verteidiger	Mexiko: Tabakplantage, Vulkanausbruch
50–55	Knobel	Mordgeschichte: Florence's Mann, Sägewerksbrand, Fischen
60–63	Verteidiger	Haus in Oakland: Little Grey und Helen (Knobel fragt nach: S. 64)
70–76	Verteidiger	Rip van Winkle

Heft / Seite	Adressat	Inhalt
3. 156–172	Knobel	Die Höhlenerzählung
176–182	Staats-	Elendsviertel und Sonntags-
	anwalt	Picknick in New York
187–194	Leser	Florence, Little Grey und die Negerhochzeit
7. 319–321	Leser	Totentag in Mexiko
334–340	Leser	Erinnerungen an die Überfahrt nach Amerika, Florence und Little Grey
378–381	Leser	Erinnerungen an den Selbstmordversuch und das Krankenhaus (Florence, Little Grey)

In den Mordgeschichten, die er Knobel erzählt, zeigt sich der TS in der Rolle des weitgereisten Abenteurers. Die Abschnitte über Mexiko vergegenwärtigen eine Gegenwelt zur europäischen Zivilisation und signalisieren den Gesprächspartnern des Untersuchungsgefangenen, daß dieser sich inzwischen an Lebenserfahrung von dem seit 1946 verschollenen Stiller beträchtlich unterscheidet. Je mehr aber der TS sich bemüht, seine Identität als Mr. White zu befestigen, desto mehr nähert er sich der Existenz Stillers, bis seine Erzählungen zuletzt in dessen Erinnerungen einmünden. In den verschiedenen Versionen der Geschichte von Florence und der Katze ‚Little Grey' läßt sich dieser Weg verfolgen.

Die Reihe der Geschichten führt von White zu Stiller

In der auf Washington Irving (1783–1859) zurückgehenden Sage von Rip van Winkle verschläft der Titelheld die wichtigsten Ereignisse der amerikanischen Geschichte, Krieg mit dem Mutterland, Unabhängigkeitserklärung, Präsidentschaft George Washingtons, Anerkennung im Frieden von Versailles 3. 9. 1783. Nach seiner Rückkehr findet er sich in die neue Welt und wird ein geachteter Patriarch. Der gesellschaftliche Wandel ist das Thema, nicht ein Wandel von Rips Identität. Eben darum geht es bei Frisch, der die Geschichte aus ihrem historischen Umfeld herausholt und die Gestalt so ändert, daß man Stiller in ihr wiedererkennen

Rip van Winkle

Unterschiede zwischen dem Märchen und dem Problem Stillers

kann. Zahlreiche Charaktermerkmale Rips weisen nun auf Stillers Charakter hin:

> Denn sein Kopf war voll sogenannter Gedanken, die mit seiner Wirklichkeit wenig zu tun hatten – beladen nur mit schlechtem Gewissen – er war ein innerlicher Mensch – glücklich war er nicht. Er hatte mehr von sich erwartet... (S. 71)

Die Geschichten, die Rip bei der Rückkehr vom Kegeldienst im Dorf erzählen will, erinnern an Stillers White-Geschichten aus Amerika:

> Ein wenig, gewiß, kamen sie ihm wie die wackligen Kegel vor, diese Geschichten, die er immer aufzustellen hatte, damit die andern sie umwerfen konnten... (S. 75)

Während es aber Rip gelingt, in seinem Dorf als „Fremdling in fremder Welt" zu leben, fehlen Stiller die Voraussetzungen dazu, weil weder er selbst noch die Welt, in die er zurückkehrt, sich verändert haben. Gerade dieser Unterschied macht die Sage geeignet, dem Leser als Verständnishilfe für das Stiller-Problem zu dienen.

Die Höhlengeschichte

Entdeckung einer Höhle

Im Falle der Höhlengeschichte ging Frisch lediglich von dem aus, was ein Gedenkstein und ein Touristenprospekt über die Kavernen von Carlsbad (New Mexiko, USA) mitteilten. Den Namen des Cowboys, der die Höhle 1901 in Begleitung eines jungen Mexikaners entdeckt hatte, hat nun der TS übernommen, um in eine andere Existenz zu schlüpfen und nicht mehr ‚Stiller' zu heißen:

> Sein Name ist verschollen, und ich denke, dieser Verschollene wird sich auch nicht mehr melden. (S. 172)

Die Höhlengeschichte kommentiert Stillers Erzählung von seinem mißglückten Selbstmordversuch

Die Geschichte liest sich wie ein Kommentar zu dem Abschnitt, in dem der TS sein Erlebnis der Wiedergeburt nach dem mißglückten Selbstmordversuch schildert (S. 381), und illustriert auch den „Schrecken", den er seinen „Engel" nennt (S. 380). Dieses Erlebnis hat hier die Form einer Rückkehr in den Mutterleib. Zwei Männer steigen in die Höhle hinab, deren Namensgleichheit nur bedeuten kann, daß sie zwei Aspekte des Ichs darstellen. Von den beiden Männern kehrt nur einer ans Tageslicht zurück, der Starke, während der im Kampf Unterlegene unten bleibt. Die Geschichte veranschaulicht also Stillers Wunsch, seine Schwäche loszuwerden, zeugt von der gleichen Illusion, die er sich beim Erwachen aus der Narkose im City-Hospital von Oakland macht, daß er nämlich sein altes Leben von sich geworfen habe (S. 381).

Zu den Textabschnitten des ersten Romanteils, in denen innere Zustände und Vorgänge des Romanhelden gespiegelt oder kommentiert werden, gehören außer der Toledo-Geschichte, die sich durch die gesamten ,Aufzeichnungen' zieht (S. 139 ff., 210, 255, 264 ff., 335 f.) und Stillers innere Zwiespältigkeit zeigt, noch zwei Begegnungen im Gefängnis, seine Betrachtungen auf dem Spaziergang am Tag der Urteilsverkündung und die Träume. In dem Gespräch mit den Eltern eines homosexuellen Pianisten, Alexander Haefeli, der sich das Leben nahm, weil er mit seiner Veranlagung nicht fertig wurde, geht es um das Stiller-Problem der ,Selbstannahme' (S. 235–240). In der Gestalt des Halbbruders Wilfried wird dieses Problem dadurch erläutert, daß Stiller das Gegenbild eines Menschen ohne Verstellung und Argwohn entgegengestellt wird, der ihn zu der Frage zwingt: „Wie stehe ich in dieser Welt?" (S. 324–330). Beim Spaziergang durch die Herbstlandschaft mit dem Staatsanwalt zusammen erlebt der TS plötzlich ein „seltsames Wiedersehen nach Jahren" (S. 350). Der Anblick eines jungen Paares beim ersten Kuß (S. 351) erinnert ihn an die gleiche Szene mit Julika (S. 88), führt seine Gedanken aus dem Herbst in den Frühling zurück und läßt ihn ein Bild des menschlichen Lebens zwischen Jugend und Alter entwickeln (S. 348–355), obwohl inzwischen kaum fünfzehn Jahre vergangen sind. „Schwermut" ist das Thema dieser Betrachtungen des TSs. Rolf, der Staatsanwalt bietet ihm seine Freundschaft an (S. 354), womit auf das ,Nachwort' verwiesen wird.

Die Träume haben vor allem die Ehe mit Julika zum Inhalt, die als Kreuz erscheint (S. 63, 333 f.). Einmal schreibt sie ihm „unter einem Zwang", ihr Blick bittet ihn, „nicht zu glauben, was sie schreibt" (S. 250), ein Hinweis darauf, daß sich

Toledo-Geschichte

Begegnungen mit den Eltern von Alexander Haefeli und dem Bruder Wilfried

Frühling und Herbst des Lebens

Die Träume

Stiller als ihr „Erlöser" versteht (S. 422). Ein anderer Traum hat mit seinem Militärdienst zu tun, stellt den Gehorsam in Frage:

> Ich ... habe verstanden, daß dieser schweizerische Hauptmann, was sein gutes Recht ist, Stiller aus irgendeinem Grunde haßt und mich kraft des Gehorsams, den wir dem Vaterland eben geschworen haben, töten kann; ohne langes Federlesen – mit einem Befehl... (S. 174 u. 184)

Mehrfache Funktion der Einlagen

Der Verteidiger hält das Geträumte für unmöglich („In Wirklichkeit, behauptet er, könne eine so ungehörige, geradezu verbrecherische Androhung seitens eines schweizerischen Offiziers niemals stattfinden"). Das Beispiel zeigt, daß solche Einlagen wie Geschichten, Schilderungen, Träume, meist mehrere Funktionen zugleich erfüllen. Hier wird nicht nur Stiller charakterisiert, sondern auch die Kritik an der Schweiz fortgeführt sowie die Figur des Verteidigers als Karikatur des humorlosen Schweizers weiter ausgeführt.

8. Die literarischen Anspielungen

Im 3. Heft kommt dem TS der Gedanke, daß sein Verteidiger eigentlich recht habe, wenn er seinen Erzählungen nicht glaubt. Das könnte er ja gelesen oder im Kino gesehen haben. Dann folgt die Reflexion über unser „Zeitalter der Reproduktion" mit einer langen Literaturliste, welche die meisten Leser sicher erst dann nachvollziehen können, wenn sie im Lexikon nachgeschlagen haben:

> Daß ich meine Mordinstinkte nicht durch C. G. Jung kenne, die Eifersucht nicht durch Marcel Proust, Spanien nicht durch Hemingway, Paris nicht durch Ernst Jünger, die Schweiz nicht durch Mark Twain, Mexiko nicht durch Graham Greene, meine Todesangst nicht durch Bernanos und mein Nie-Ankommen nicht durch Kafka und allerlei Sonstiges nicht durch Thomas Mann, zum Teufel, wie soll ich es meinem Verteidiger beweisen? Es ist ja wahr, man braucht diese Herrschaften nie gelesen zu haben, man hat sie in sich schon durch seine Bekannten, die ihrerseits auch bereits in lauter Plagiaten erleben. Was für ein Zeitalter! (S. 186)

Der Leser wird hier grundsätzlich dazu aufgefordert, über die Zuverlässigkeit und Authentizität der im Roman erzählten Geschichten nachzudenken. Der Erzähler hilft ihm sogar dabei, z. B. bei der Geschichte von Florence, der Mulattin, „Tochter eines Dockarbeiters":

> Und ich wage ihr weißes Lächeln in dem braunen Gesicht nicht zu beschreiben; auch dieses Lächeln kennt man ja aus Kulturfilmen, aus Zeitschriften oder sogar aus einem Varieté in diesem Städtchen hier, ich weiß, und ihre seltsame Stimme gibt es auf Platten, fast ihre Stimme… (S. 187)

Sowohl der Romanheld wie auch andere Figuren orientieren sich an literarischen Vorbildern. Sie leben in einer „schon gereimten Welt", wie Max Frisch es im ‚Tagebuch 1946–1949' ausgedrückt hat (a. O. S. 222). So erspart sich der TS, als er vom

Lokaltermin in Davos berichtet, eine längere Schilderung der Örtlichkeit mit der Bemerkung: „Es ist genau so, wie Thomas Mann es beschrieben hat" (S. 67). In Stillers Atelier findet sich denn auch der „Zauberberg als das einzige von Thomas Mann" (S. 359). In dem Gespräch, das der Staatsanwalt im Gefängnis mit Stiller über die Ehe führt, fragt er ihn, ob er ‚Anna Karenina' und ob er ‚Effi Briest' kenne (S. 200). Er will wissen, ob Stiller sich

Gespräch über die Ehe und Eheromane

> auch ein anderes Verhalten, als es in diesen Meisterwerken geschildert wird, seitens des verlassenen Ehemannes vorstellen könnte, ein großzügigeres... (S. 201)

Und dieser kommentiert:

> Es scheint meinen Staatsanwalt sehr zu beschäftigen, daß jenes großzügigere Verhalten eines verlassenen Ehemannes, das er sich vorstellen könnte, ihm selbst nicht ohne weiteres gelungen ist... (S. 201)

Damit wird am Ende des 3. auf das 4. Heft vorausgedeutet, wo es heißt:

> Einen zermürbenden Sommer lang wollte Rolf beweisen, daß er Sibylle, getreu seiner Theorie, die vollendete Selbständigkeit zubilligte... (S. 222)

Obwohl Sibylles Ehebruch schon lange zurückliegt, sucht Rolf beim Lokaltermin in Stillers Atelier doch in den Büchern herum:

> Vielleicht sucht er hier Bände aus seiner eigenen Bibliothek. Er stellt aber den Dünndruckband wieder ins Gestell, blättert dafür in Anna Karenina... (S. 360)

Literaturlisten

Neben der Literaturliste in dem Abschnitt über das „Zeitalter der Reproduktion" (S. 186) gibt es zwei unterschiedliche Listen von Stillers Buchbeständen, einmal durch Sibylle (S. 254), das andere Mal anläßlich des Lokaltermins erstellt (S. 359 f.). In allen drei Listen wird Ernest Hemingway aufgeführt, in der letzten mit dem Zusatz „Stierkampfbuch". Damit ist der Essay ‚Death in the Afternoon' („Tod am Nachmittag": 1932), gemeint, nach dem Stiller Sibylle den Stierkampf demonstriert (S. 257—260).

Die Toledo-Geschichte stellt jedoch eine Parodie von Hemingways Bürgerkriegsroman ‚For whom the Bell tolls‘ („Wem die Stunde schlägt": 1940) dar. Dort sprengt der Held, Robert Jordan, eine Brücke, hält so den Vormarsch des Feindes auf und opfert sich, unterstützt von seiner Geliebten Maria, für seine Kameraden. In Stillers Leben kehrt das literarische Muster wieder, aber spiegelverkehrt. Aus Opfermut ist Feigheit geworden, aus Männlichkeit Versagen, aus der Tragödie eine Groteske.

Auch im Hinblick auf die literarischen Anspielungen und ihre Funktion unterscheidet sich das ‚Nachwort‘ wieder vom ersten Romanteil, den ‚Aufzeichnungen‘. Es ist ausschließlich von Kierkegaard die Rede (S. 390, 392 f.). Man darf vermuten, daß die Zusendung eines Bandes aus dem Werk dieses Begründers der existentialistischen Philosophie etwas damit zu tun hat, daß Rolf Stillers ‚Aufzeichnungen im Gefängnis‘, dem zwei Kierkegaard-Zitate als Motto vorangestellt sind, intensiv gelesen hat (S. 407). Außerdem hatte es ein Gespräch zwischen den beiden „über die Schwermut als Symptom der ästhetischen Haltung gegenüber dem Leben" (S. 394; vgl. S. 350) gegeben. Dieses Thema wird nämlich in dem gleichen Werk behandelt („Entweder-Oder" 1843), dem auch das Motto der ‚Aufzeichnungen‘ entnommen ist. Außerdem sind Rolfs Ansichten über die „Selbsterkenntnis" und die „Selbstannahme" (S. 407 f., vgl. S. 321 ff.) offensichtlich diesem Werk verpflichtet.

Ein weiteres Unterscheidungsmerkmal des ‚Nachworts‘ von den ‚Aufzeichnungen‘ besteht in der Erzählweise. Diese sind in einer modernen Form abgefaßt, während im ‚Nachwort‘ wie im traditionellen Roman erzählt wird. Zudem hat sich sein Verfasser an literarischen Vorbildern orientiert. So ist die Einleitung nach dem Muster der Ansprache des „Herausgebers an den Leser" gearbeitet, wie wir sie aus Goethes Roman ‚Die Leiden des jungen Werthers‘ (1774) kennen:

> Wie sehr wünscht’ ich, daß uns von den letzten merkwürdigen Tagen unseres Freundes so viel eigenhändige Zeugnisse übrig geblieben wären, daß

ich nicht nötig hätte, die Folge seiner hinterlaßnen Briefe durch Erzählung zu unterbrechen...

Wir haben es bedauert, daß Stiller den vorliegenden ‚Aufzeichnungen im Gefängnis‘ – sie sind hier, mit Genehmigung der Beteiligten, die heute noch leben, ohne jede Kürzung und selbstverständlich unverändert wiedergegeben – keine ‚Aufzeichnungen in der Freiheit‘ hat folgen lassen... (S. 387)

Auch der offene Schluß des ‚Nachworts‘ weist auf ein literarisches Vorbild hin, variiert ein Muster, nämlich die letzten Sätze von Georg Büchners Novelle ‚Lenz‘ (1839), welche das Schicksal des Dichters Jakob Michael Reinhold Lenz (1751–1792) zum Inhalt hat:

Am folgenden Morgen bei trübem regnerischem Wetter traf er in Straßburg ein. Er schien ganz vernünftig, sprach mit den Leuten; er tat alles wie es die andern taten, es war aber eine entsetzliche Leere in ihm, er fühlte keine Angst mehr, kein Verlangen; sein Dasein war ihm eine notwendige Last. – – So lebte er hin.

Er führte mich an jenes eiserne Törlein mit dem komischen Schild, geistesabwesend, so daß ich ihm zwei- oder dreimal die Hand gab. Wir sahen einander dann und wann; seine nächtlichen Anrufe blieben aus, und seine Briefe waren karg. Stiller blieb in Glion und lebte allein. (S. 438)

Hinweis auf den Roman als Krankengeschichte

Diese Einrahmung des ‚Nachworts‘ durch literarische Anspielungen stellt – in verschlüsselter Form – Deutungsangebote für den Leser bereit: beide Dichtungen haben den Charakter von Krankengeschichten. Das trifft auch auf das ‚Nachwort‘ zu, nicht nur, weil der Erzähler über das Leiden (S. 399–406) und den Tod von Frau Julika (434–438) berichtet, sondern weil im Gespräch zwischen Stiller und ihm noch einmal die ganze Ehegeschichte, die über weite Strecken einer Kranken- und Leidensgeschichte gleicht, rekapituliert wird. Dieses Gespräch (S. 418–430), in dem diese Ehe aus Stillers Sicht und zugleich aus Rolfs kritischer Perspektive erscheint, muß auf dem Hintergrund von Rolfs Gespräch mit Julika (S. 399 ff.) gesehen werden, das zeigt, wie sie diese Ehe erlebt.

9. Theoretische Bezüge der Thematik

Man hat Frischs Roman ‚Stiller' ein „Kompendium des modernen Lebens überhaupt" genannt (Materialien, S. 661), weil hier das Problem des modernen Menschen, in einer Welt ohne überschaubare gesellschaftliche Ordnung und ohne feste Werte zu seiner Identität zu finden, in sehr komplexer Weise behandelt wird. Die Bemerkung macht auch verständlich, warum bei der Beschreibung und Analyse des Romanthemas ständig die Kategorien benutzt werden, welche die zeitgenössischen Wissenschaften vom Menschen (Psychologie, Soziologie usw.) entwickelt haben, um das Problem des modernen Menschen zu fassen. In der psychologischen Dimension der Thematik finden wir gleich zu Anfang des Romans eine solche Kategorie im Text selbst mehrfach wiederholt. Der TS fürchtet,

> allen möglichen guten Einflüssen zu erliegen, und eine Rolle zu spielen, die ihnen so passen möchte, aber nichts mit mir zu tun hat... (S. 9)

Und er meint,

> was sie mir anbieten, ist Flucht, nicht Freiheit, Flucht in eine Rolle... (S. 49)

Als Ausweg fällt ihm „Lügen" ein,

> ein sogenanntes Geständnis, und ich bin „frei", das heißt in meinem Fall: dazu verdammt, eine Rolle zu spielen, die nichts mit mir zu tun hat... (S. 84)

Der Komplementärbegriff, der in der Sozialpsychologie zur Rolle dazugehört, nämlich die ‚Ich-Identität', d. h. die Person, die in allen Rollen, die jemand ausübt, die gleiche bleibt, wird im Romantext nur angedeutet. Wissenschaftlich versteht man das Erwachsenwerden als ein Lernen von ‚Rollen', d. h. Mustern von Verhaltenserwartungen, die dem einzelnen von den Bezugsgruppen, in denen er lebt, entgegengebracht werden, sei es als

Marginalien:

‚Kompendium des modernen Lebens überhaupt'

‚Rolle' ein Schlüsselwort des Romans

‚Rolle' und ‚Ich-Identität' gehören zusammen

Kind von den Eltern, als Schüler von den Lehrern und Mitschülern, als Berufstätigem von den Vorgesetzten und Arbeitskollegen usw. Das Rollenlernen ist nie zu Ende; entweder wird der Mensch mit einer neuen Rolle konfrontiert, z. B. als Vater oder Mutter, oder die Verhaltensmuster einer von ihm schon gespielten Rolle haben sich geändert, wie es im Lehrerberuf beim Übergang vom autoritären Unterrichtsstil zum kooperativen Verfahren der Fall gewesen ist. Ein solcher Wandel setzt Rollendistanz voraus, d. h. das Bewußtsein davon, daß man Rollen spielt, und die Fähigkeit, sich selbst als soziales Wesen zu sehen, welches ein Produkt sozialer Prozesse und gesellschaftlicher Prägungen darstellt. Diesen Teil der Persönlichkeit bezeichnet man als ‚Selbst‘ (Engl.: ‚Me‘). Wir werden seiner gewiß, indem wir uns mit den Augen der anderen, d. h. unserer Sozialpartner, sehen. Es gibt aber noch eine andere Komponente der menschlichen Person, ein Vermögen, das inhaltlich nicht gefüllt ist, uns jedoch befähigt, auf eine Verhaltenserwartung mit ‚Nein‘ zu antworten, der Welt und unserem sozial geprägten ‚Selbst‘ gegenüberzutreten und Identität herzustellen. Dieser Teil der Persönlichkeit wird als ‚Ich‘ (Engl.: ‚I‘) bezeichnet. Eine solche ‚Ich-Identität‘ kann man nur gewinnen, wenn man sich aus seiner reinen Subjektivität löst, sich in der Außenwelt ‚spiegelt‘ und von außen her sich selbst als Subjekt zum Objekt macht. Ein solcher Akt kann sich aber nur durch Übernahme von Rollen und Annahme der Perspektiven und Orientierungsmuster, die mit ihnen verbunden sind, konkretisieren. Die Übernahme einer von außen herangetragenen Rolle beinhaltet stets auch eine gewisse ‚Entäußerung‘, d. h. den Verzicht auf Verhaltensmöglichkeiten, die im ‚Innern‘ der Person angelegt sind. Ob diese Entäußerung zur ‚Selbstentfremdung‘ führt, hängt davon ab, wovon sich der Mensch entfremden kann. Es genügt nicht zur Selbstfindung, wenn man ein abstraktes Ich postuliert und behauptet, daß jede Anpassung an Anforderungen der sozialen Umwelt bereits eine Verkümmerung des ‚Ich‘, einen Verlust der ‚Identität‘ bedeute. Beide Seiten des

Begriffspaars sind also problematisch, was Alexander Mitscherlich folgendermaßen ausgedrückt hat:

> Man könnte die überspitzte Formulierung benützen: je rollensicherer, desto unmenschlicher, subhumaner; je deutlicher als Mensch, desto begrenzter als Exekutor einer Rolle zu fassen. Aber auch diese Alternative ist zu verführerisch, um die Problematik genau zu treffen. Denn auch die humane Freiheit, kritische, rationale Distanz gewinnen zu können, ist nicht absolut frei. Sie muß diese Leistung aus dem Standort irgendeiner Rolle her vollbringen. Ichreifung setzt Anpassung voraus.
> (Auf dem Weg zur vaterlosen Gesellschaft. Ideen zur Sozialpsychologie, München: Piper 1963, S. 77 f.)

Diese Problematik des Begriffspaars muß beachtet werden, wenn man z. B. die Figuren Rolfs, dem die „kritische Distanz" zu sich selbst gelang, ohne seine Rolle als Staatsanwalt zu gefährden, oder Wilfrieds würdigen will, der – „nicht zweideutig, nicht geistreich, nicht neugierig" – über so etwas nicht nachdenkt, sondern seinen Bruder ernst nimmt, obwohl er ihn nicht versteht (S. 328). Gerade im Hinblick auf die Figur Stillers muß man fragen, mit welchem Inhalt die ‚Ich-Identität', jener Teil der Persönlichkeit, der in allen Rollen identisch bleibt, gefüllt ist. Dieser Inhalt wird als Selbstbild oder ‚Ich-Ideal' bezeichnet. Mancher „Bürger einer kleinen Gemeinde" bleibt „mit der Idealbildung in gesteckten Bahnen":

> Die Entwicklungskonflikte seiner Kindheit haben nicht zu einem Rückzug aus der ihm gegebenen Realität und einem phantastischen Ersatz in ihr nicht erreichbaren Bestätigungen geführt. Folgt er dagegen dem gesellschaftlichen Trend zur Großstadt, hat er die Vorstellung, sein ‚Glück' in fernen Ländern versuchen zu müssen, in einer vagen Phantasie von Reichtum, der ihm die kontinuierliche Befriedigung aller Bedürfnisse verschafft, dann verrät dies die Bildung und Fortdauer eines infantilen Ich-Ideals, das als Leitbild zum Scheitern verurteilt ist, wenn das Ich nicht einer Realitätsanpassung an die neue Umgebung fähig ist.
> (Mitscherlich, a. O. S. 198 f.)

123

Beispiele aus dem Roman

Man denkt an Rolfs Rede von der „Demut vor unseren begrenzten Möglichkeiten" (S. 322) und daran, daß Sibylle in New York diese „Realitätsanpassung an die neue Umgebung" durchaus gelungen ist (S. 308ff.). Auch wird man veranlaßt zu fragen, was Stillers Scheitern mit der Wahl seines Ich-Ideals zu tun gehabt hat. Seinen Selbstbildern als Kämpfer in Spanien oder als Abenteurer in Amerika stand ja in seiner Ehe ein negatives Ich-Ideal gegenüber

Psychologie der ehelichen Kommunikation

(„stinkiger Fischer": S. 98 und 108). Die Psychologen sehen Eheprobleme vor allem als Problem der Kommunikation zwischen den Ehegatten, wobei Mimik, Gestik, Haltung oft von größerer Bedeutung sind als Worte. Dabei tauschen die Eheleute sich nicht nur über Tatsachen außerhalb ihrer Beziehung aus, sondern vor allem über Definitionen ihrer Beziehung und damit implizite Definitionen ihrer selbst. In den Reaktionen des Ehepartners werden dann „Bestätigung", „Verwerfung" und „Entwertung" unterschieden. Diese Unterscheidung ist z. B. zur Beurteilung von Julikas Reaktion

Julika ,entwertet' Stillers Selbstdefinition

auf Stillers negative Selbstdefinition wichtig, z. B. an dieser Stelle:

> Sie nahm es noch mit Humor, wenn Stiller sich darin gefiel, der unverstandene Mann zu sein, und oft, wenn er so brütete, untätig wie ein Lahmer und verstockt und schweigsam..., lustlos, gleichgültig, willenlos und alles andere als ein Mann, der eine Frau hätte glücklich machen können, legte Julika ihre Hand kurz auf seine Schulter und lächelte: „Jaja – bist ein Armer! ..." (S. 113 und 125)

Julika nimmt offensichtlich die sich im Verhalten äußernde negative Selbstdefinition ihres Mannes nicht ernst, sie ,entwertet' sie. Und das ist schlimmer, als wenn sie sie verwerfen würde:

> Während eine Verwerfung letztlich auf die Mitteilung „Du hast in deiner Ansicht über dich unrecht" hinausläuft, sagt die Entwertung de facto „Du existierst nicht" ...
> (Paul Watzlawick u. a.: Menschliche Kommunikation. Formen, Störungen, Paradoxien, 5. Aufl., Bern: Huber 1980, S. 86)

Für die gesellschaftliche Dimension der Thematik
liefert die Sozialanthropologie wichtige Erklärungsmuster. Stillers Minderwertigkeitskomplexe
und Rolfs These „die weitaus meisten Menschen
werden durch Selbstüberforderung vernichtet" (S.
321) wird von der Sozialanthropologie in eine historisch-gesellschaftliche Perspektive gerückt und
als kultureller Wandel interpretiert, den das Industriezeitalter hervorgebracht hat:

> Eine so komplizierte und wertverwirrte Gesell
> schaft wie die unsere bietet ... die reichlichsten
> Appelle und Anreize für Geltungsproblematiker,
> und so ergeben sich zahllose Gelegenheiten zu
> Überforderungen, Kompensationen und Rollen
> vorgaben ...
> (Arnold Gehlen: Die Seele im technischen Zeital
> ter, rde 53, Hamburg: Rowohlt 1957, S. 65)

Die Problematik, die der TS in dem Abschnitt über
das „Zeitalter der Reproduktion" erörtert (S.
185 ff.), wird bei Gehlen so beschrieben:

> Zwischen den einzelnen, dessen echter Erfah
> rungsumkreis ... stets sehr eng ist, und die unüber
> sehbaren, schicksalhaften Vorgänge, die sich aus
> den sozialen, wirtschaftlichen und politischen Su
> perstrukturen heraus entwickeln, tritt notwendig
> eine Zwischeninstanz: die ‚Erfahrung zweiter
> Hand'. Das, was man früher ‚vom Hörensagen' er
> fuhr, wird heute zunächst einmal von der Informa
> tionsindustrie vermittelt, von Presse, Rundfunk
> usw., neben denen natürlich die ewige Quelle wei
> terfließt, die in den zwischenmenschlichen Bezie
> hungen selbst besteht, in Erzählungen, Berichten,
> Mitteilungen und Agitationen, die umlaufen und
> die zum größten Teil wieder auf Informationen aus
> den ‚Massenmedien' zurückgehen, die Tag und
> Nacht in Betrieb sind ... (Gehlen, a. O. S. 49)

**Wir erleben aus
‚zweiter Hand'**

Knobel gegenüber macht der Tagebuchschreiber
auf ein Phänomen kulturellen Wandels aufmerksam, das er so beschreibt:

> Das ist ja das Großartige an früheren Zeitaltern ...,
> daß die menschlichen Charaktere sich noch in
> Handlung offenbaren; heutzutage ist alles verin
> nerlicht ... (S. 126)

Verinnerlichung

In der Wissenschaft wird das auf folgende Weise ausgedrückt:

> Der verwickelte Zerfall der Ideale und Wertgefühle..., hat also seine eigene Produktivität an der staunenswerten Differenzierung des Psychischen, die ... sich im psychologischen Roman abspiegelt, in dem eine noch nie dagewesene Bewußtheit die kleinsten seelischen Besonderheiten unter das Objektiv geraten läßt, wo sie sofort in gegenseitige Reaktionen treten, die auf die empfindlichsten Platten gebannt werden. Regungen, wie sie sonst einfach weggelebt wurden, werden unter diesen Bedingungen literatur-, d. h. öffentlichkeitsfähig... (Gehlen, a. O. S. 61 f.)

Stillers Motto aus Kierkegaards Buch ‚Entweder-Oder‘

Für die <u>religiöse</u> Dimension der Thematik ist der Bezug auf den Philosophen Søren Kierkegaard (1813–1855) wichtig, dessen Buch ‚Entweder-Oder‘ Stiller das Motto für seine ‚Aufzeichnungen im Gefängnis‘ entnommen hat. Im ‚Nachwort des Staatsanwalts‘ wird der Name Kierkegaards noch dreimal genannt (S. 390, 392, 394). An der letzten Stelle heißt es:

> Ich war nie ein Kenner Kierkegaards; den Band hatte ich ihm geschickt auf Grund eines Gesprächs über die Schwermut als Symptom der ästhetischen Haltung gegenüber dem Leben...

Ein Interpretationsangebot an den Leser

Daß hier auf das gleiche Buch angespielt wird, aus dem das Motto stammt, erkennt der Leser erst, wenn er dieses Buch selber in die Hand nimmt und darin liest. Es handelt sich um ein Angebot an den Leser, den thematischen Beziehungen zwischen Stillers Problemen und Kierkegaards Gedanken nachzugehen. In ähnlich indirekter Weise wird er an anderer Stelle aufgefordert, Stiller mit Faust zu vergleichen:

> Wir unterhalten uns dann auch über den bekannten Vers: Den ich lieb, der Unmögliches begehrt! Ohne uns erinnern zu können, wo genau, im zweiten Teil des Faust, dieser ominöse Vers steht, einigen wir uns darauf, daß dieser Vers nur aus dem Mund einer dämonischen Figur kommen kann; denn er ist eine Einladung zur Neurose, hat mit einem wirklichen Streben (er redet ja auch nicht von

Streben, sondern von Begehren) nichts zu tun, das die Demut vor unseren begrenzten Möglichkeiten voraussetzt. (S. 322)

Wenn Rolf in diesem Gespräch im Anschluß an das Stichwort von der „Demut vor unseren begrenzten Möglichkeiten" über die Bedingungen der „Selbstannahme" doziert, knüpft er an Gedanken Kierkegaards an, wie man schon nach kurzer Lektüre seines Buches ‚Entweder-Oder' feststellen wird.

Wenn man dort nach den beiden Sätzen sucht, die Stiller seinen ‚Aufzeichnungen' voranstellt, wird man den ersten auf S. 776, den zweiten Satz aber zwei Seiten davor (S. 774) finden. Es lohnt sich, zu prüfen, was Stiller fortgelassen hat. Dem ersten Satz, der die Selbstwahl an die Bedingung knüpft, sich nicht „in etwas anderes umzudichten", folgt im Original der Passus:

Das Motto
Was hat Stiller fortgelassen?

> Sieh, hier hast du meine geringe Meinung darüber, was wählen und <u>bereuen</u> heißt ... (a. O. S. 776)

Auch der zweite Satz des Mottos, in dem von der „Leidenschaft der Freiheit" die Rede ist, wird mit dem Gedanken der <u>Reue</u> fortgesetzt (a. O. S. 774). Aber er fehlt nur in dem Zitat des Mottos; Stiller greift ihn an anderer Stelle auf und antwortet auf Kierkegaards Zumutung, daß Selbstwahl, d. h. das Ja zur eigenen Person, <u>Reue</u> voraussetze:

Stillers Stellungnahme zu Kierkegaard

> Ich bin ganz einfach <u>nicht bereit, ein nichtiger Mensch zu sein</u>. Ich hoffe eigentlich nur, daß Gott (wenn ich ihm entgegenkomme) mich zu einer anderen, nämlich zu einer reicheren, tieferen, wertvolleren, bedeutenderen Persönlichkeit machen werde – und genau das ist es vermutlich, was Gott hindert, mir gegenüber wirklich eine <u>Existenz</u> anzutreten, das heißt erfahrbar zu werden. Meine conditio sine qua non: daß er mich, sein Geschöpf widerrufe. (Stiller, S. 324)

> Er vermag nichts von alledem aufzugeben, nicht das Schmerzlichste, nicht das Schwerste, und doch ist der Ausdruck für diesen Kampf, für dieses Erwerben – Reue. Er <u>bereut sich in sich selbst zurück</u>, zurück in die Familie, zurück in das Geschlecht, bis er sich selbst findet in Gott. Nur unter dieser Bedingung kann er sich selbst wählen, und dies ist die einzige Bedingung, die er will, denn nur

so vermag er sich selbst absolut zu wählen...
(Kierkegaard, a. O. S. 774)

Auseinander-
setzung
mit Kierkegaard

Im Roman erfolgt also eine Auseinandersetzung mit den Gedanken, die Kierkegaard in seinem Buch zur ‚Selbstwahl‘, d. h. zur Identitätsfindung, geäußert hat. Auch diese Auseinandersetzung wird in perspektivischer Brechung dargestellt, auf die Figuren Stiller und Rolf aufgeteilt.

Mit Kierkegaards Buch ‚Entweder-Oder‘ beginnt die moderne existentialistische Philosophie, die – statt Weltsysteme zu entwerfen – das konkrete Leben des einzelnen Menschen mit seinen ständigen

Ohne objektive
Gewißheit leben

Entscheidungen („entweder – oder") zum Ausgangspunkt nimmt. Jede personale Entscheidung, heißt es da, bedeute einen Sprung vom Bekannten ins Unbekannte; sie bestehe in einer Wahl und setze Bereitschaft zum Risiko voraus. Der größte und schwierigste Sprung für jeden einzelnen sei der ‚Sprung in den Glauben‘, d. h. die Annahme dessen, was Kierkegaard das ‚Paradox der Existenz Gottes‘ nennt, womit gemeint ist, daß der Mensch eine objektive Unsicherheit zur subjektiven Wahrheit wählt. Vor diesem Wagnis hat der Mensch Angst, doch nur in diesem Wagnis wird er frei. Im Gespräch mit dem Verteidiger greift Stiller einmal diesen Gedanken auf:

> ...ihre geradezu panische Angst vor dem geistigen Wagnis – nein, sie sind nicht freier als ich, der ich auf dieser Pritsche hocke und weiß, daß der Schritt in die Freiheit (den keine Vorfahren uns abnehmen können) immerdar ein ungeheurer Schritt ist, ein Schritt, womit man alles verläßt, was bisher als sicherer Boden erschienen ist, und ein Schritt, den niemand, wenn ich ihn einmal zu machen die Kraft habe, aufzuhalten vermag: nämlich es ist der Schritt in den Glauben, alles andere ist nicht Freiheit, sondern Geschwätz... (S. 199)

Doch eben dieser „Schritt in den Glauben" gelingt Stiller nicht. Er wirft seinen Mitmenschen vor, daß sie nicht frei sind, und bleibt doch selbst in Unfreiheit:

Wenn ich beten könnte, so würde ich darum beten müssen, daß ich aller Hoffnung, mir zu entgehen, beraubt werde. Gelegentliche Versuche, zu beten, scheitern aber gerade daran, daß ich hoffe, durch Beten irgendwie verwandelt zu werden, meiner Ohnmacht zu entgehen, und sowie ich erfahre, daß dies nicht der Fall ist, verliere ich die Hoffnung, auf dem Weg zu sein. Das heißt, unter Weg verstehe ich letztlich noch immer nur die Hoffnung, mir zu entgehen. Diese Hoffnung ist mein Gefängnis... (S. 343)

Stiller will sich selbst nicht als der annehmen, der er ist

Warum gelingt Stiller der „Schritt in den Glauben", der Erwerb der Freiheit nicht? Die Antwort gibt Rolf ganz im Sinne von Kierkegaard, der vom ‚Sich-in-sich-selbst-zurück-bereuen‘ und vom ‚Sich-selbst-finden-in-Gott‘ spricht. So sagt er in dem Gespräch über die Faust-Stelle:

Ohne die Gewißheit von einer absoluten Instanz außerhalb menschlicher Deutung, ohne die Gewißheit, daß es eine absolute Realität gibt, kann ich mir freilich nicht denken..., daß wir je dahin gelangen können, frei zu sein. (S. 323)

Wie Rolf von Gott spricht

Der TS rückt diese Äußerung in einem ‚PS.‘ sogleich in eine kritische Sicht:

Absolute Instanz? Absolute Realität? Warum sagt er nicht ‚Gott‘? Er meidet dieses Wort, scheint mir, mit bewußter Sorgfalt. Nur mir gegenüber? (S. 324)

Auch im zweiten Teil, seinem ‚Nachwort‘, verwendet Rolf diese abstrakte Sprache für das Verhältnis des Menschen zu Gott. Als er überlegt, wie weit Stiller auf dem Wege zu sich selbst gekommen sei, legt er sich die Frage vor, ob der Mensch „auf die Anerkennung durch die Umwelt" verzichten könne und formuliert als Bedingung dafür:

Wie weit ist Stiller auf dem Weg zu sich selbst gekommen?

Es wird nie möglich sein ohne die Gewißheit, daß unser Leben von einer übermenschlichen Instanz gerichtet wird, ohne wenigstens die leidenschaftliche Hoffnung, daß es diese Instanz gebe... (S. 408)

Die Frage, ob Stiller dieses Stadium der menschlichen Reife erreicht habe, läßt Rolf offen („Stiller kam sehr spät dazu. Kam er dazu?").

Gemeinsamkeiten des Buches ,Entweder-Oder' mit dem Roman ,Stiller'

Übrigens bezieht sich Rolf mit der Unterscheidung von drei Schritten der Selbstfindung deutlich auf Kierkegaards Buch ,Entweder-Oder', das er Stiller geschickt hat (S. 394). Dieses Buch hat übrigens schon von der Gattung her Ähnlichkeit mit dem Roman ,Stiller'. Es ist ein Vorläufer der modernen Reflexionsliteratur, in der – wie Gehlen sagt – „eine noch nie dagewesene Bewußtheit" die „kleinsten seelischen Besonderheiten" zum Ausdruck bringt. Auch in der Form gibt es insofern eine Entsprechung, als der allwissende Erzähler fehlt. Es tritt vielmehr ein Herausgeber namens Victor Eremita auf, der durch Zufall in einem käuflich erworbenen alten Schreibtisch einen Haufen von Manuskripten findet. Er studiert sie und stellt fest, daß sie von zwei Menschen unterschiedlicher Lebensanschauung verfaßt sind. Daraufhin teilt er sie an einen Verfasser A und einen Verfasser B auf. A bringt das „ästhetische", B das „ethische" Lebensverständnis zur Sprache. B versucht A dessen verborgene Verzweiflung bewußt zu machen und behandelt deshalb in einem längeren Brief an ihn das Thema der „Selbstwahl" („Das Gleichgewicht des Ästhetischen und des Ethischen in der Ausarbeitung der Persönlichkeit": a. O. S. 704–914). Kierkegaard unterscheidet dort drei Stadien im Prozeß der Selbstwahl: Der ästhetische Mensch genießt das Leben, d. h. er existiert ins Blaue hinein. Der ethische Mensch entwickelt ein Lebenskonzept und wird dadurch frei von zufälligen Umständen. Nur als religiöser Mensch kann jedoch der einzelne die Ungesichertheit des Lebens überwinden und ganz frei werden. Diese drei Stufen unterscheidet auch Rolf im Prozeß der Selbstannahme:

Drei Stufen der Selbstfindung bei Kierkegaard

¿ andre!

Die Stufen der Selbstannahme bei Rolf

1. „Die Selbsterkenntnis, die einen Menschen langsam oder jählings seinem bisherigen Leben entfremdet"

2. „...herauszutreten aus der Resignation darüber, daß man nicht ist, was man so gern gewesen wäre, und zu werden, was man ist"

3. „Verzicht auf die Anerkennung durch die Umwelt ... Gewißheit, daß unser Leben von einer übermenschlichen Instanz gerichtet wird" (S. 408; vgl. S. 321 ff.)

Bei der Lösung aus dem „bisherigen Leben", d. h. der ästhetischen Existenz, und der Selbstannahme „in Gott" – wie Kierkegaard es formuliert – spielt die „Schwermut" eine wichtige Rolle. Sie kommt Stiller an, als er merkt, wie die Zeit verläuft und der Tod naht (S. 350). Mit Rolf hat er einmal „über die Schwermut als Symptom der ästhetischen Haltung gegenüber dem Leben" gesprochen (S. 394). Bei Kierkegaard ist sie als ein Anzeichen dafür verstanden, daß der Mensch zur Selbstfindung aufbrechen will, aber durch die Sünde dabei gestört wird:

Bedeutung der Schwermut

Das Motiv der Schwermut

> Die Persönlichkeit will sich ihrer selbst in ihrer ewigen Gültigkeit bewußt werden. Geschieht dies nicht, wird die Bewegung unterbrochen, wird sie zurückgedrückt, so tritt Schwermut ein...
> Schwermut aber ist Sünde..., denn es ist Sünde, nicht tief und innerlich zu wollen, und dies ist eine Mutter aller Sünden... (a. O. S. 742)

Man kann natürlich nicht sagen, ob Max Frisch die Absicht gehabt hat, den Leser seines Romans ‚Stiller' zu intensiver Lektüre von Kierkegaards Buch ‚Entweder-Oder' anzuregen. Dehnt er aber seine Lektüre über die engere Umgebung jener Stellen aus, die Stiller als Motto gewählt hat, so wird er finden, daß auch das Ehe-Thema des Romans von Kierkegaards Gedanken her einige Aufklärung erfährt. Im Hinblick auf die Beziehungen zwischen Rolf und Stiller sowie die Unterschiede der beiden gegensätzlichen Ehegeschichten ist nämlich der Umstand wichtig, daß Kierkegaard in seinem Buch dem Verführer als Repräsentanten der ästhetischen Existenz den Ehemann als Ethiker gegenüberstellt. Dessen Leistung beschreibt er als die Fähigkeit, „die Liebe festzuhalten, sie im Leben zu realisieren":

Der Ehemann als Repräsentant der ‚ethischen' Existenz

> Es ist dieselbe Kraft, die zum Aufgeben wie zum Festhalten gehört, und das wahre Festhalten ist jene Kraft, die zum Aufgeben imstande war, sich äußernd im Festhalten, und hierin erst liegt die wahre Freiheit im Festhalten, das wahre sichere Schweben. (a. O. S. 636)

,Festhalten als Kraft, die zum Aufgeben imstande war'

Dieses „wahre sichere Schweben" wird in jener Szene hoch oben über dem nächtlichen New York anschaulich, als Rolf seine Sibylle wieder nach Hause holt:

> Rolf getraute sich zwar kaum, ihren nahen Arm zu fassen; seine Zärtlichkeit blieb in den Augen. Auch Sibylle fühlte, daß die Welt, wie groß sie auch sein mochte, keinen Menschen hatte, der ihr näher stehen könnte als dieser Rolf, ihr Mann; sie leugnete es nicht. Immerhin erbat sie sich eine Bedenkzeit von vierundzwanzig Stunden. (S. 316)

Kierkegaards Charakterisierung von Ehe-Geschichten

Wenn man die folgende Charakterisierung der „ehelichen Liebe" durch Kierkegaard zum Verständnis der beiden Ehegeschichten benutzen will, kann jenes „Schweben" zwischen „Aufgeben" und „Festhalten" als Leitkategorie dienen:

> Die eheliche Liebe erweist sich als geschichtlich dadurch, daß sie ein Assimilationsprozeß ist, sie versucht sich in dem, was erlebt wird, und bezieht das Erlebte auf sich zurück; sie ist also kein uninteressierter Zeuge dessen, was geschieht, sondern ist wesentlich beteiligt, kurz, sie erlebt ihre eigene Entwicklung... (Kierkegaard a.a.O.)

Vergleich der beiden Ehen im Roman ,Stiller'

Während Rolf und Sibylle im Aufgeben und Einander-loslassen die „eheliche Liebe" festgehalten und so die „eigene Entwicklung" ihrer Ehe „erlebt" haben, bleibt es bei Stiller und Julika bei einem starren Festhalten an den ,Bildnissen', die sie voneinander haben. Eine „eigene Entwicklung" unterbleibt infolge „Beziehungsblindheit" der beiden Gatten, d. h. sie können einander nicht das Erlebnis verschaffen, „vom anderen verstanden zu sein und somit eine Identität zu haben", eine solche

Mangel rein psychologischer Betrachtungsweisen

nämlich, die das Du in das Ich mit einschließt (Paul Watzlawick u. a., a. O. S. 89 f.). Damit wird ein Mangel angesprochen, der einer Betrachtung des Stiller-Problems in der psychologischen Dimension anhaften kann:

> ...daß psychologische Theorien auch heute noch vom egozentrischen Standpunkt aus formuliert werden. So kennt die Psychoanalyse das Ich, das Über-Ich und das Es, aber kein ,Du'. Meinem Ego

steht jedoch ein <u>Alter</u> gegenüber, und vom Standpunkt des <u>Alter</u> ist mein <u>Ego</u> das <u>Alter</u>. Dadurch wird die Sicht, die der andere von mir hat, ebenso wichtig ... wie die, die ich von mir selbst habe ... (a.a.O.)

In dem Unterschied der beiden Ehegeschichten des Stiller-Romans ist diese Eigenart der Paarbeziehung thematisiert. Denn sie gelingt nur dort, wo der eine Partner (Ego) den anderen (Alter) in sein Selbstverständnis mit einschließt und sich umgekehrt auch von ihm verstanden weiß. Das aber geschieht nur bei Rolf und Sibylle, während die ‚Beziehungsblindheit‘ von Stiller und Julika füreinander zur Folge hat, daß ihre Ehe – um mit Kierkegaard zu sprechen – ‚sich nicht als geschichtlich erweist‘.

10. Sprache und Stil

Sprachlich-stilistische Vielfalt

Der Vielfalt der erzählerischen Formen und Perspektiven im Roman ‚Stiller‘ sowie seiner thematischen Komplexität entspricht die Vielfalt der sprachlichen und stilistischen Darstellungsmittel. Ein paar Beispiele, beim Durchblättern notiert, zeigen diese Vielfalt ansatzweise in zwölf für den Roman typischen Mustern:

(1) Ironisches Gespräch (Szenischer Dialog)	‚Und dort haben Sie also gearbeitet?‘ ‚Das habe ich nie behauptet!‘ sage ich, ‚Geld habe ich verdient und gelebt.‘ ‚Wie?‘ ‚Danke‘, sage ich, ‚ausgezeichnet.‘ ‚Ich meine: wie haben Sie das Geld verdient?‘ ‚Wie man das Geld eben verdient –‘, sage ich, ‚jedenfalls nicht mit eigener Arbeit.‘ ‚Sondern?‘ ‚Mit – Ideen‘, sage ich. (S. 37)
(2) Amts-jargon	Gegen Anatol Ludwig Stiller, Bildhauer, zuletzt wohnhaft in seinem Atelier an der Steingartengasse in Zürich, verschollen seit Januar 1946, besteht irgendein Verdacht (...) (S. 39)
(3) „Weibergeschichte“ (S. 63)	Wie heißt du übrigens? frage ich. Florence! sagt sie, und ihre Augen sind wie Tollkirschen, ihre Haut wie Kaffee. Joe wird dich töten, sagt sie, wenn er uns erwischt. Ich lache bloß. (S. 55)
(4) Ausruf	Meine Angst: die Wiederholung –! (S. 68)
(5) Funktion der Klammer	Gegenüber der Tatsache, daß die Schweiz nicht nur ein kleines Land ist, sondern durch den Lauf der Welt immer noch kleiner wird, hat mein Verteidiger überhaupt keinen Humor. Das macht unsere Unterhaltungen oft so schwierig. Er ist (begreiflicherweise) gegen die Zukunft ... (S. 195)

(6)	Funktion der Frage	Sie helfen sich, indem sie das Bedürfnis nach Größe schlechterdings verpönen. Ist es aber nicht so, daß der gewohnheitsmäßige und also billige Verzicht auf das Große (das Ganze, das Vollkommene, das Radikale) schließlich zur Impotenz sogar der Phantasie führt? (S. 245)
(7)	Vergleiche	Da und dort ist es auch rot, nicht rot wie Blut, dünner, rot wie die Spiegellichter in einem Glas voll roten Weines, wenn die Sonne hineinscheint, rot und auch gelb, aber nicht gelb wie Honig, dünner, gelb wie Whisky, grünlich-gelb wie Schwefel und gewisse Pilze... (S. 315 f.)
(8)	Indirekte Charakterisierung	Der junge Mann hat wohl die Praxis seines Onkels und die Kunden übernommen, ist aber keinesfalls gewillt, auch die Fehler der eben verstorbenen Generation zu übernehmen, und was ich beispielsweise im Munde habe, sind fast lauter Fehler... (S. 317 f.)
(9)	Abtönungspartikel	Wie gerne er plaudert, der junge Mann, und wie schön sie es trotzdem findet, die junge Frau! (S. 351)
(10)	Situationsschilderung	Seine Mappe, seine Handschuhe, seine kleine Rolle, alles zusammen unter den linken Arm geklemmt, um die rechte Hand zum Abschied frei zu haben, saß Sturzenegger bei offener Wagentür... (S. 227)
(11)	Lyrischer Ausdruck	Für Augenblicke ist es, als stünde die Zeit, in Seligkeit benommen; Gott schaut sich selber zu, und alle Welt hält ihren Atem an, bevor sie in Asche der Dämmerung fällt... (S. 352)
(12)	Karikatur eines Sprachverhaltens	... also Hand aufs Herz und keine dummen Geschichten machen, der gute Kern auch in Stiller, mein Verteidiger von diesem Kern überzeugt, alles andere ist Schall und Rauch, der Name zum Beispiel, aber Ordnung muß sein, einen Namen muß jeder tragen ... (S. 372)

Diese kleine Liste gibt schon einen Hinweis auf die Vielfalt der Sprachmuster und Stilmittel, über die der Autor verfügt, und auch darauf, daß er sie gezielt – je nach Inhalt und Darstellungsabsicht – einsetzt. Im Beispiel (1) dient die Dialogform dazu, die Abenteurermentalität des Erzählers mit dem Ordnungssinn des Zuhörers, Dr. Bohnenblust, zu kontrastieren. Die Notiz über den Tatverdacht in (2) wird, dem juristischen Gegenstand entsprechend, im Amtsjargon gegeben („zuletzt wohnhaft"). Beispiel (3) parodiert den Stil der Trivialliteratur und gibt dem Leser damit ein Zeichen, das die Glaubwürdigkeit der White-Geschichten relativiert. Kurze Ausrufe wie (4) sind bezeichnend für Stillers Sprachnot („Ich habe keine Sprache für meine Wirklichkeit": S. 84). Der Zusatz in Klammern im Beispiel (5) gibt dem Leser die Anweisung, die Zukunftsangst des Verteidigers auf die zukünftige politische Rolle der Schweiz zu beziehen. Oft formuliert der Autor eine These – wie hier (6) die Überzeugung, daß der Mensch große Ziele brauche – in Form einer Frage, um den Leser aufzufordern, sich an ihrer Beantwortung zu beteiligen. In (7) haben wir ein Beispiel für das Bedürfnis des Autors, gängige Vergleiche zu vermeiden. Durch das Auswahlangebot wird der Leser dazu gebracht, seine eigene Erinnerung zu aktivieren, um das Bild auszumalen. Feierliche Gefühle wehrt er durch banale Bildelemente („Whisky" neben Rotwein und Honig) ab. In Beispiel (8) wird der junge Zahnarzt ironisch dadurch charakterisiert, daß der Autor ihn sein Selbstbewußtsein in Form eines Überlegenheitsgefühls gegenüber den Vorgängern gewinnen läßt. Mit dem Adverb „trotzdem" mischt sich der Autor in Beispiel (9) in die Plauderei der beiden Verliebten interpretierend ein: Ob sie es wohl später auch noch „schön findet"? Beispiel (10) zeichnet mit Hilfe einer kleinen Geste eine peinliche Situation, welche sich durch ein Mißverständnis zwischen Architekt und Bauherr ergeben hat, der ihn für den Liebhaber seiner Frau hält. Mit Beispiel (11) wird die Beschreibung einer Herbstlandschaft mit einer lyrischen Wendung abgeschlossen, welche den Herbst zum Sinnbild der Vergänglichkeit macht. Schließlich wird in (12) die grammatisch lückenhafte Redewiedergabe mit eingestreuten Zitaten (Goethe: „Name ist Schall und Rauch") dazu benutzt, die Geisteshaltung des Verteidigers zu entlarven und als repräsentativ für eine kollektive Mentalität aufzuzeigen.

Zahlreiche Eigenschaften des Stils im Stiller-Roman, Zusätze in Klammern und Parenthesen, Abtönungspartikeln und Ironiesignale, präzisieren und erläutern das Erzählte, rücken es aber auch in Distanz. Das geschieht sowohl in den Tagebuch-Heften, wenn z. B. beim Bericht über ein Gespräch der Berichterstatter sich mit einem Kommentar einmischt:

Kommentierende, distanzierende und kompositorische Funktion von Stilmitteln

> Mein Staatsanwalt hält die Ehe (offenbar haben ihn gewisse Erfahrungen daran zweifeln lassen) für durchaus möglich, wenn auch schwierig... (S. 199)

Hier hat der Zusatz in Klammern auch eine kompositorische Funktion. Er weist – am Ende des 3. Heftes – auf Rolfs Bericht über seine Ehekrise voraus, mit dem das 4. Heft einsetzt. In diesen Heften, in denen der Tagebuchschreiber ‚protokolliert', was ihm Julika, Rolf und Sibylle erzählt haben, dienen diese Zusätze („so sagt er": S. 203, 211 zweimal, „mein Staatsanwalt": S. 213, 215, „so nennt er es": S. 216 usw.) dazu, dem Leser immer wieder in Erinnerung zu rufen, daß er es hier mit zwei Erzählungen zu tun hat.

Wenn man die Verwendung von Stilfiguren in den Landschaftsschilderungen untersucht, ergibt sich folgender Eindruck: Bei der Beschreibung der Wüste von Chihuahua in Mexiko arbeitet der Erzähler mit Anaphern („Farben des glühenden Mittags, Farben der Dämmerung, Farben der unsäglichen Nacht": S. 26), mit Wortwiederholungen („Sand und Sand und wieder Sand": S. 26) und Vergleichen, in denen das Gesagte oft wieder eingeschränkt wird („nicht eigentlich grün, eher bräunlich wie Bernstein": S. 26) oder der poetisch wirkende durch einen prosaischen ersetzt wird („wie mattes Gold oder auch wie Knochenmehl": S. 26).

Verwendung von Stilfiguren in Landschaftsschilderungen

Mit einer prosaischen Wendung endet der Abschnitt auch:

> Es erfüllte uns, ich erinnere mich, ein feierlicher Übermut; kurz darauf platzte der hintere Pneu. (S. 27)

In der Beschreibung von New York finden sich Metaphern wie in dem folgenden Passus:

> Ach, eine feenhafte Schönheit, ein Kaleidoskop aus Kindertagen, ein Mosaik aus bunten Scherben, aber bewegt, dabei leblos und kalt wie Glas, dann wieder bengalische Dämpfe einer Walpurgisnacht auf dem Theater, ein himmlischer Regenbogen, der in tausend Splitter zerfallen und über die Erde zerstreut ist, eine Orgie der Disharmonie, der Harmonie, eine Orgie von Alltag... (S. 315)

Diese ‚harmonische Disharmonie' spiegelt sich auch in vielen Antithesen („sinnlich und leblos zugleich, geistig und albern und gewaltig, ein Bau von Menschen oder Termiten, Sinfonie und Limonade": S. 316). Wo aber in der dritten großen Landschaftsbeschreibung die Erinnerung an den „Frühling" der Liebe aufsteigt und mit dem Herbst kontrastiert, überwiegen die lyrischen Elemente (s. o. Beispiel 11), eine prosaische Pointe unterbleibt.

Sprachprobleme der Figuren beim Umgang mit der „Wirklichkeit"

Während der Tagebuchschreiber Mühe hat, für das „Unaussprechliche" seiner Erfahrung (S. 64) in Bildern und Vergleichen, Geschichten und Träumen eine „Sprache" (S. 84) zu finden, gibt es für den Verteidiger eine „schlichte und pure Wahrheit" (S. 18), und es macht ihm keine Mühe, diese Wahrheit in Worte zu fassen, wie sein „Wortschwall" im Atelier (S. 370–373) beweist. Aber es sind lauter Klischees. Auch die Sprache Sturzeneggers, im Unterschied zu der des Verteidigers eine saloppe, burschikose Umgangssprache, besteht aus lauter Klischees, auf die der Tagebuchschreiber mit einem Vulgärausdruck reagiert („Arschloch": S. 249). Nüchtern und sachlich ist der Stil, in dem Rolf das Nachwort verfaßt. Er leidet nicht – wie Stiller – unter Sprachnot, hütet sich aber auch vor der Klischeesprache von Sturzenegger und Bohnenblust. Immer wieder macht er Vorbehalte („Ich hatte wohl kein Recht...": S. 392 – „Ich hatte wohl eine bestimmte Angst...": S. 395) und fühlt sich durch die Freundschaft überfordert:

> Später, nach Jahr und Tag, habe ich mir öfter überlegt, wie ich mich in jener Nacht hätte verhalten sollen, unversehens vor eine Aufgabe gestellt, die über die Möglichkeiten einer Freundschaft hinausging... (S. 430)

Auch über Julikas Tod schreibt er ohne ein Wort der Erschütterung oder Anteilnahme.

Im letzten, dem siebenten Heft seiner Aufzeichnungen bereitet der Tagebuchschreiber den Erzählerwechsel vor, damit sich der Leser darauf einstellen kann:

Hinweise auf den Erzählerwechsel

> Wir haben die Sprache, um stumm zu werden. Wer schweigt, ist nicht stumm. Wer schweigt, hat nicht einmal eine Ahnung, wer er nicht ist. (S. 331)

Hier wird das „Verstummen" Stillers, mit dem Rolf in der Einleitung zu seinem Nachwort begründet, warum er jetzt die Erzählerrolle übernimmt, dem „Schweigen" gegenübergestellt. Während Schweigen hier nur bedeutet, daß jemand den Mund hält, wird das Stummwerden als Endpunkt sprachlicher Auseinandersetzung mit der Wirklichkeit bezeichnet, als Ziel eines Reifeprozesses, mit Rolfs Worten:

> Sein Verstummen, wenn man es einmal so nennen will, war ja in der Tat ein wesentlicher, vielleicht sogar der entscheidende Schritt zu seiner inneren Befreiung... (S. 387)

Die beiden Extreme der Sprache des Stiller-Romans lassen sich zum einen durch einen ironischen, manchmal sogar satirisch zugespitzten Stil, zum anderen durch die Sprachnot Stillers bezeichnen, die zum Verstummen führt. Diese Sprachnot hat wiederum zwei Seiten. Er kann nur in Andeutungen von dem „Unaussprechlichen" seiner Erfahrung, z. B. mit Hinweis auf seinen „Engel" oder in Gleichnissen und Märchen sprechen; andererseits kann er diese Sprachnot durch Schwadronieren überspielen, wie er es in seinen Amerikageschichten Knobel und dem Verteidiger gegenüber macht. Zwischen den beiden Extremen liegen viele Stilebenen, Gattungsformen, Textsorten, aus denen die

Die beiden Extreme der Sprache des Romans ‚Stiller'

sprachliche Vielfalt der ‚Aufzeichnungen im Gefängnis' und des ‚Nachworts' besteht. Doch ist die Sprachform nie schwierig. Längere Sätze haben nicht Periodenform, sondern es überwiegt die Parataxe. Ihre Länge ist durch Einschübe (Parenthesen), oft in Klammern, bedingt, die das Gesagte nuancieren, ironisieren und einschränken. In reflektierenden Partien wird es nicht abstrakt, sondern bleibt für den Leser verständlich, der durch Fragen am Reflexionsprozeß beteiligt wird.

11. Zur Frage der Gattung

Die Frage, wie der Roman ‚Stiller‘ im Hinblick auf seine Gattungsmerkmale zu beurteilen ist, hat zwei Aspekte. Einmal gehört das Werk in die Tradition des literarischen Tagebuchs, zweitens aber in die Gattungsgeschichte des Romans. Frisch hat die beiden Linien dadurch verknüpft, daß er die Tagebuchform als Bauelement eines Romans benutzte. Im 18. Jahrhundert wurde das private Tagebuchschreiben im Bereich der pietistischen Frömmigkeit zu einer weitverbreiteten Übung, die vor allem von Frauen angewandt wurde. Im Tagebuch reflektierte der gläubige Christ sein Verhältnis zu Gott, beichtete seine Sünden und faßte gute Vorsätze, sich künftig besser Gottes Gnade zu verdienen. Es konnte nicht ausbleiben, daß Tagebücher im Lauf der Zeit oder schon von vornherein für die Veröffentlichung entworfen wurden, ‚literarischen‘ Charakter erhielten. So hatte Goethe in Italien zunächst ein Reisetagebuch für Charlotte von Stein verfaßt, das sehr persönlich gehalten war. Doch zeigen die weiteren Aufzeichnungen, die er später in der ‚Italienischen Reise‘ verarbeitete, immer deutlicher das Bestreben, seine Erlebnisse anderen gegenüber zu erklären und verständlich zu machen. Der Dichter Friedrich Hebbel beginnt sein Tagebuch mit dem Untertitel „Reflexionen über Welt, Leben und Bücher, hauptsächlich aber über mich selbst" am 23. März 1835 folgendermaßen:

> Ich fange dieses Heft nicht allein meinem künftigen Biographen zu Gefallen an, obwohl ich bei meinen Aussichten auf die Unsterblichkeit gewiß sein kann, daß ich einen erhalten werde. Es soll ein Notenbuch meines Herzens sein und diejenigen Töne, welche mein Herz angibt, getreu zu meiner Erbauung in künftigen Zeiten, aufbewahren.

In einem dritten Schritt wird dann das literarische Tagebuch als fingiertes Tagebuch zu einer poetischen Gattung, das die dem persönlichen Tagebuch eigentümlichen Züge, den Bezug zum Augenblicks-

Zwei Traditionslinien: literarisches Tagebuch und Roman

Geschichte des Tagebuchs

Tagebuch als poetische Gattung

ereignis, die kontinuierliche Entstehung, den Dialog mit dem Leser, das Bedürfnis nach Orientierung in verwirrter Welt und die fragmentarische Form, bewußt als Stilmittel verwendet. Was die Tagebuchform als poetisches Darstellungsmittel hergibt, hat Max Frisch in seinem ‚Tagebuch 1946–1949' folgendermaßen beschrieben:

> Wir leben auf einem laufenden Band, und es gibt keine Hoffnung, daß wir uns selber nachholen und einen Augenblick unseres Lebens verbessern können. Wir sind das Damals, auch wenn wir es verwerfen, nicht minder als das Heute –
> Die Zeit verwandelt uns nicht.
> Sie entfaltet uns nur.
> Indem man es nicht verschweigt, sondern aufschreibt, bekennt man sich zu seinem Denken, das bestenfalls für den Augenblick und für den Standort bestimmt, da es sich erzeugt. Man rechnet nicht mit der Hoffnung, daß man übermorgen, wenn man das Gegenteil denkt, klüger sei. Man ist, was man ist... (a. O., S. 21 f.)

Elemente des Tagebuchs

Hier sind die beiden Elemente genannt, die ein Tagebuch ausmachen, die Zeit („Tagebuch") und das „Ich", welches „aufschreibt" und „bekennt". Die Zeit wird mit dem Bild des ‚laufenden Bandes' charakterisiert, welches das ständige Umblättern der Tagebuchseiten symbolisiert, auf dem die beschriebenen Seiten zur Vergangenheit werden, die gerade aufgeschlagenen Seiten die Gegenwart darstellen und die noch unbeschriebenen Seiten die Zukunft repräsentieren. Die Tagebuchform als ‚laufendes Band' ist eine sinnfällige Metapher für den in die Zeit gestellten Menschen. Das Tagebuch-Ich erlebt schreibend die vergehende Zeit, erkennt dabei, daß es keine Chance hat, sich selber ‚nachzuholen' oder sein Leben nachträglich zu ‚verbessern', erfährt auch, daß keine Objektivität oder Allgemeingültigkeit zu erreichen ist, weil der Augenblick die Eintragung bestimmt, und daß die Niederschrift für niemand anderen gilt als für das Tagebuch-Ich. Deshalb ist die Wahrheit des Tagebuchs eine äußerst subjektive Wahrheit. Wenn das Tagebuch-Ich von den Konventionen und Mustern seiner Umwelt beeinflußt wird, erfährt es sich folgendermaßen:

Man hält die Feder hin, wie eine Nadel in die Erd-
bebenwarte, und eigentlich sind nicht wir es, die
schreiben, sondern wir werden geschrieben.
Schreiben heißt: sich selber lesen. (a. O., S. 21 f.)

So muß das Tagebuch-Ich an seiner Autonomie als
Individuum, an seiner Subjektivität zu zweifeln
beginnen und seine Identität in Frage stellen. In
dieser Problematik des Tagebuchs steckt die Problematik Stillers. Daher bietet sich zur Darstellung
dieser Problematik das Tagebuch als Form an.

**Die Problematik
des Tagebuchs ist
die Problematik
Stillers**

Wie wird nun aus dem Tagebuch der Roman? Und
wie ist der Roman in die Vielfalt der Romangattun-
gen einzuordnen? Er beginnt als <u>Kriminalroman</u>,
wobei die Verhaftung und das Gefängnis am Anfang statt am Ende stehen. Der Häftling wird aufgefordert, sein Leben niederzuschreiben. Das wäre
eine <u>Autobiographie</u> oder ein <u>Entwicklungsroman</u>
aus der Perspektive eines Ich-Erzählers. Nun gibt
aber die falsche Identität („Ich bin nicht Stiller!":
S. 9) keinen solchen Entwicklungsroman her, vielmehr kann Mr. White nur seine Gefängnisgegen-
wart zu Wort bringen, so daß zwangsläufig seine
Niederschrift zum Tagebuch wird. Andererseits
hat er dort nur Umgang mit Menschen, die in ihm
Stiller vermuten und ihm unzählige Einzelheiten
aus dessen Leben erzählen. So wird die Folie des
Tagebuchs transparent für Stillers Leben, der Entwicklungsroman scheint durch, der Tagebuchschreiber erzählt sein Leben wie das eines Fremden
in der dritten Person, wechselt erst in der Erzählung von der Überfahrt nach Amerika (S. 334–343)
und vom Selbstmordversuch (S. 378–381) in die erste Person. Die Stiller- und die White-Rolle fließen
ineinander. Wie das Schema des Kriminalromans,
so wird auch das Muster des Entwicklungsromans
in der Parodie verändert. Der Held ist ein „Versager", ein Scheiternder. <u>Frisch hat einmal gesagt,
der Roman sei aus der „ernsthaften Vorstellung"</u>
entstanden, „daß das Leben mißlingen kann". Es
ist sozusagen ein ‚Anti-Entwicklungsroman'. Daß
Stiller auch als Bildhauer scheitert – es reicht dann
gerade noch zu ‚Swiss pottery' (S. 393 f.) –, macht
ihn für den Leser zum <u>Künstlerroman</u>. Dieser hat
zwei Aspekte, denn Stiller scheitert nicht nur als

**Das Tagebuch
wird für den Ent-
wicklungsroman
transparent**

**Die literarischen
Muster werden
parodiert**

143

Bildhauer, sondern auch als Schriftsteller („Ich soll mein Leben niederschreiben!" S. 9). Er macht nämlich die Erfahrung, daß er „keine Sprache für die Wirklichkeit" hat (S. 84). Das ist zwar vordergründig durch die Tatsache bedingt, daß Mr. White keine Biographie hat, verbindet aber Stillers persönliches Problem mit dem Problem des Schriftstellers im „Zeitalter der Reproduktion" (S. 186), eine Sprache für seinen Gegenstand zu finden, der nicht auf irgendein literarisches Klischee zurückgeführt werden kann. Stillers Problem, sein Leben niederzuschreiben, steht für das Problem des Schriftstellers im Medienzeitalter. So weitet sich der Künstlerroman zum Gesellschaftsroman, in dem die Klischeehaftigkeit nicht nur der Literatur, sondern auch der Redeweisen und Umgangsformen der Menschen gezeigt wird (Sturzenegger S. 241 ff., Dr. Bohnenblust S. 370 ff.). Auf die Tradition des Eheromans, die in dem Personenviereck Julika / Stiller / Sibylle / Rolf variiert wird, ist ausdrücklich hingewiesen (S. 200). Rolfs Verhalten erscheint auf diese Weise als Gegenbild zu Karenin bei Tolstoi und Innstetten bei Fontane.

So findet der Leser des Romans eine ganze Reihe traditioneller Gattungsmuster parodiert und in ironischer Absicht miteinander kombiniert, womit die Verschlungenheit der vielen verschiedenen thematischen Linien (Identitäts-, Rollen- und Bildnisproblematik, Eheprobleme, Künstler- und Schriftstellerprobleme, Gesellschaftskritik usw.) betont wird.

12. Der Roman im Kontext des Werkes

In einem Gespräch hat sich Max Frisch einmal zur Entstehung des Stiller-Romans so geäußert:

Zur Entstehung des Romans

> Ich war ein Jahr in Amerika, und da ich ein Stipendium hatte, meinte ich fleißig sein zu müssen. Ich schrieb 600 Seiten, die mißlangen...

Es waren vor allem die Amerika-Materialien, von denen einige auch als Reisenotizen gesondert erschienen sind. Doch fügt der Autor hinzu, daß „die eigentliche ‚Stiller'-Idee (daß er diese Aufzeichnungen schreibt – so wie es jetzt ist) noch nicht da war; es gab eigentlich nur Material ohne den Sinn des Buches". Er habe die Thema-Formel, den berühmten ersten Satz „Ich bin nicht Stiller!", diese „Pointierung des Einfalls", erst in die Fahnenkorrektur eingefügt. Und zur Thematik überhaupt sagt er:

Das Wort ‚Identität' kommt im Roman nicht vor

> Ich meine mit Bestimmtheit, daß ich die eigentliche Thematik des Buches, während ich es geschrieben habe, nicht gewußt habe. Mich hat eigentlich das Erzählmaterial interessiert, die Stories, und ich hatte plötzlich – das war eher zufällig, das, was man einen Einfall nennt – eine Möglichkeit, die aufzureihen; was dieser Einfall selber hieß, war mir nicht bewußt, ich hab's auch nicht analysiert. Erst als das Buch gedruckt war und als von der ‚Identität' die Rede war, kam mir das Wort, das im Buch ja nirgends steht[1], in den Sinn. Das war natürlich ein Glücksfall, denn sonst hätte ich willentlich weitergeschrieben, ein Thema behandelt, und so habe ich erzählt... (Materialien I, S. 31)

Im Hörspiel ‚Rip van Winkle', dessen Idee Frisch dem werdenden Roman entnahm und das schon am 16. 6. 1953 gesendet wurde, war die „eigentliche ‚Stiller'-Idee" nicht zu gebrauchen. Dort setzt die Handlung mit der Ohrfeigengeschichte ein, die sich

---

[1] Auf S. 66 sagt Stiller, es komme darauf an, „daß einer mit sich selbst identisch ist".

für eine dramatische Gestaltung anbietet. Die thematischen Linien, die vom ‚Tagebuch 1946–1949' zum ‚Stiller' führen, können vom Hörspiel nur teilweise aufgenommen werden, so z. B. die Ausbruchsthematik (Marion, Schinz, Graf Öderland) durch die Figur des Anatol Wadel und die Bildnisthematik (Der andorranische Jude) durch die Prozeßhandlung. Das Thema von der Sprachnot des Schriftstellers in der modernen Welt läßt sich nur in der epischen Gattung behandeln. Frisch sagt im ‚Tagebuch 1946–1949' dazu anläßlich einer Betrachtung des Aphorismus, dem er vorwirft, „daß er nur Ergebnisse liefert, aber keine Erfahrung":

Manche Themen sind für die dramatische Gattung nicht geeignet

> Wer Aphoristik macht, ohne daß wir sein Leben kennen, gibt nichts als die obersten Blumenköpfe, so wie Kinder sie rupfen, keine Wurzeln daran, welche die Blüten nähren, keine Erde dazu, und die bunten Blumenköpfe bleiben eine Verblüffung, die bald verdorrt – darum die Erzählung, die auch die Wurzel liefert, ganze Klumpen von Erde daran, Mist und Dünger in Fülle.
> Erzählung: aber wie? (a. O., S. 120)

Tagebuch als bewußte Kunstform

Diese Frage war dem Autor wichtiger als die Identitätsproblematik, auf die er erst von den Interpreten aufmerksam gemacht wurde. Er beantwortete sie, indem er das Erzählmuster, das er in seinem ‚Tagebuch 1946–1949' entwickelt hatte, für den Roman nutzte. „Tagebuch" ist eigentlich ein irreführender Titel, denn es ist kein privates Journal, sondern eine Kunstform, in der verschiedene Darstellungsweisen, Notizen, Erzählungen, Dramenentwürfe, Reflexionen über Kunst, Literatur, Theater, Reiseimpressionen zusammengefügt sind. Der Autor wendet sich „an den Leser":

> Der Leser täte diesem Buch einen großen Gefallen, wenn er, nicht nach Laune und Zufall hin und her blätternd, die zusammensetzende Folge achtete; die einzelnen Steine eines Mosaiks, und als solches ist dieses Buch zumindest gewollt, können sich allein kaum verantworten.

Wie das ‚Tagebuch 1946–1949' entstand

Der Tagebuchcharakter ist durch die chronologische Reihenfolge der Eintragungen gegeben. Wenn Frisch nicht auf Reisen war, entstanden sie nach

Feierabend – Frisch war tagsüber als Architekt tätig – in seinen Stammcafés, dem ‚Café de la Terrasse‘ und dem ‚Café Odeon‘. In Kladden notierte er dort unter berufsbezogenen Berechnungen und Alltagsnotizen literarische Einfälle. Allmählich erkannte er in dieser Notform, zu der ihn sein Beruf zwang, eine Kunstform, mit der sich sein Erzählproblem lösen ließ. Er übertrug sie auf den Roman: Zuerst Tagebuch als Roman, dann Roman als Tagebuch.

Auch Elemente des Stiller-Romans sind im ‚Tagebuch 1946–1949‘ vorgeformt, z. B. das Verrätermotiv („Julika, die Verräterin“: Stiller, S. 333 u. 368) in der Skizze „Der andorranische Jude“ (a. O., S. 35 ff.), wo es heißt:

Stiller-Motive im ‚Tagebuch 1946–1949‘

> Die Andorraner aber, sooft sie in den Spiegel blickten, sahen mit Entsetzen, daß sie selber die Züge des Judas tragen, jeder von ihnen.

Wer sich vom anderen ein Bildnis macht, verrät ihn, heißt das. Auch den Engel gibt es schon im ‚Tagebuch 1946–1949‘ (a. O. S. 20 und 179 f.: „Wo, wenn du ein Engel bist, führst du mich hin?“ – „Zu dir –.“) und die Schweiz-Kritik (a. O. S. 12: „Die andorranische Angst, Provinz zu sein…“). Das Thema von der Erzählnot des modernen Schriftstellers, an der Stiller im Roman leidet, zieht sich durch das ganze Tagebuch. Auch eine Reihe von inhaltlichen Details nimmt Frisch wieder auf, z. B. einen Vorfall aus der eigenen Militärzeit:

Frischs persönliches Militär-Trauma

> Die Erinnerung an einen Hauptmann, der mich nicht ausstehen konnte, was sein gutes Recht ist, und der mir am dritten September ins Gesicht sagte, er werde mich schon auf einen geeigneten Posten schicken, wenn es losginge, möchte ich nicht unter den vaterländischen Tisch fallen lassen; erst nach Jahren habe ich begriffen, daß ich diesem Offizier ein entscheidendes Erlebnis verdankte…
> (a. O., S. 279 ‚Autobiographie‘)

> Es ist komisch, nicht einmal im Traum fühle ich mich als Mitrailleur Stiller, aber ich melde es gradaus in die Landschaft, Mitrailleur Stiller. Die Lippen des Hauptmanns zittern. Für Leute meiner Art, sagt er, gebe es im Krieg ganz besondere Posten; verstanden? Und wenn es losgehe, werde er mit mir (Mitrailleur Stiller) kein langes Federlesen

machen; verstanden? Ich stehe stramm, Gewehr geschultert, und habe verstanden, daß dieser schweizerische Hauptmann, was sein gutes Recht ist, Stiller aus irgendeinem Grunde haßt und mich kraft des Gehorsams, den wir dem Vaterland eben geschworen haben, töten kann; ohne langes Federlesen – mit einem Befehl... (Stiller, S. 174)

Es ist der Traum, den der Tagebuchschreiber seinem Verteidiger erzählt, der darüber „sichtlich ungehalten" ist. Man kann gut sehen, wie das autobiographische Detail des ‚Tagebuchs' („ein entscheidendes Erlebnis") hier so ausgeführt wird, daß Soldatengehorsam grundsätzlich in Frage gestellt ist („kraft des Gehorsams ... töten ... mit einem Befehl").

Ähnlichkeit zwischen den Figuren Stiller und Faber

Der Ingenieur Walter Faber in Frischs nächstem Roman ‚Homo faber' hat mit dem Bildhauer Anatol Stiller mehr Ähnlichkeit, als es auf den ersten Blick scheinen mag. Was bei Stiller das zähe Festhalten an dem erdichteten Selbstbild des weltläufigen Abenteurers Jim White ist, hat bei Faber seine Entsprechung in dem Pochen auf sein nüchternes,

Das Weltbild des Technikers

technisch-rationales Weltbild. Daß er – wie Stiller – dahinter eine innere Zerrissenheit verbirgt, macht die folgende Äußerung des Ich-Erzählers nach der gelungenen Notlandung der Lockheed Super-Constellation in der mexikanischen Wüste deutlich:

Ich habe mich schon oft gefragt, was die Leute eigentlich meinen, wenn sie von Erlebnis reden. Ich bin Techniker und gewohnt, die Dinge zu sehen, wie sie sind. Ich sehe alles, wovon sie reden, sehr genau; ich bin ja nicht blind. Ich sehe den Mond über der Wüste von Tamaulipas – klarer als je, mag sein, aber eine errechenbare Masse, die um unseren Planeten kreist, eine Sache der Gravitation, interessant, aber wieso ein Erlebnis? Ich sehe die gezackten Felsen, schwarz vor dem Schein des Mondes; sie sehen aus, mag sein, wie die gezackten Rücken von urweltlichen Tieren, aber ich weiß: Es sind Felsen, Gestein, wahrscheinlich vulkanisch, das müßte man nachsehen und feststellen. Wozu soll ich mich fürchten? Es gibt keine urweltlichen Tiere mehr. Wozu soll ich sie mir einbilden? Ich sehe auch keine versteinerten Engel, es tut mir leid;

auch keine Dämonen, ich sehe, was ich sehe: die üblichen Formen der Erosionen, dazu meinen langen Schatten auf dem Sand, aber keine Gespenster... (a. O., S. 24)

Wie der Gefangene im Stiller-Roman das grandiose Bild der abendlichen Wüste („nicht ohne jenes feierliche Bewußtsein, daß unsere Augen durchaus die einzigen sind, die all dies sehen") mit dem Reifenschaden („kurz darauf platzte der hintere Pneu") kontrastiert, so setzt der Tagebuchschreiber im ‚Homo faber' gegen die poetische Landschaftsbeschreibung („wie die gezackten Rücken von urweltlichen Tieren") die Auskunft, welche Physik („errechenbare Masse" – „eine Sache der Gravitation") und Geologie („die üblichen Formen der Erosionen") über die Entstehung dieser Landschaft geben. Thema ist hier nicht nur das Weltbild eines Technikers, der von Zahlen und Statistiken besessen ist, sondern – wie im Stiller-Roman – auch das Problem des Schreibens im technischen Zeitalter. Denn wie Stiller, ist ja Faber auch ein Tagebuchschreiber, der schreibend auf der Suche nach sich selbst ist. Während jedoch das schriftstellerische Problem im ‚Stiller' die Frage betrifft, wie man im ‚Zeitalter der Reproduktion' leben und schreiben soll, ohne literarische Vorbilder nachzuahmen, heißt Fabers Erzählproblem: Was haben Einbildungskraft und Phantasie in einer Zeit zu suchen, wo man alles für berechenbar und machbar hält? Während Stiller, der Künstler, ausruft: „Meine Angst: die Wiederholung –!" (S. 68), fragt Faber, der Techniker: „Warum soll ich erleben, was gar nicht ist?" (a. O., S. 25). Am Ende werden beide von ihrer Vergangenheit eingeholt, Stiller von seiner Schuld an Julika, Faber von seiner Schuld an Hanna. Beide versündigen sich aufgrund eines falschen Selbstbildnisses an den ihnen anvertrauten Menschen. Da Faber dem Stereotyp des Technikers verfällt, wird im Roman indirekt auch die Technik und ihr gefährliches Identifikationsangebot kritisiert. Faber sagt über sich selbst:

Fabers Erzählproblem

Faber und Stiller haben ein falsches Selbstbild

Wie beim Stahl, Gefühle, so habe ich festgestellt, sind Ermüdungserscheinungen, nichts weiter, jedenfalls bei mir. (a. O., S. 92)

149

Gefühllos regelt er deshalb auch die Frage der Abtreibung (a. O., S. 48) und bildet sich deshalb ein, es sei zwischen Hanna und ihm „ausgemacht" gewesen, daß das Kind „nicht zur Welt kommen sollte" (S. 57). Nachdem er dann weiß, „wie alles gekommen ist", versucht er, seine Einstellung ‚wissenschaftlich' zu rechtfertigen (S. 105–107). Kurz vor seinem Tod notiert er in seinem Tagebuch noch, was Hanna über sein Weltbild denkt:

> Diskussion mit Hanna! – über Technik (laut Hanna) als Kniff, die Welt so einzurichten, daß wir sie nicht erleben müssen. Manie des Technikers, die Schöpfung nutzbar zu machen, weil er sie als Partner nicht aushält, nichts mit ihr anfangen kann...
> (S. 169)

Stiller und Faber finden nicht zu sich

Aus dieser Sicht erscheint Faber – darin Stiller ähnlich – als ein Mensch, der an sich vorbei lebt, weil er einem allgemein angebotenen Stereotyp nachläuft. Im Grunde ist er gar kein Techniker, sondern ein verhinderter Mensch, d. h. jemand, der sich ein Selbstbildnis gewählt hat, das ihn hindert, zu sich selbst zu kommen. Da zudem seine Geschichte – wie die Stillers – in einer komplexen Struktur von ineinander verzahnten Niederschriften eines Ich-Erzählers, in denen Gegenwart und Vergangenheit ständig wechseln, dargestellt wird, versteht man den Satz, der sich in einem Brief des Dichters an Hans Mayer vom 18. 9. 1961 findet:

> Daß Stiller und Faber komplementär sind, meinte ich auch immer, blieb aber mit dieser Einsicht bisher der Einzige.

‚Rip van Winkle' begleitet Max Frisch durch sein ganzes Leben

Am Schluß des ‚Tagebuch(s) 1966–1971' erinnert Max Frisch noch einmal an das Märchen von Rip van Winkle, von dem er gesagt hat, daß es die „Keimzelle" des Stiller-Romans gewesen sei. Doch ist Rip nun nicht mehr „ein Fremdling in fremder Welt" (Stiller, S. 76), sondern ein Trinker, der hin und wieder verschwindet und sich bei der Rückkehr wundert, daß alles noch unverändert ist:

> Zwar macht er weiter: Fässer, wie er's gelernt hat. Am Feierabend spielt er Karten, spricht holländisch und trinkt, am Sonntag geht er nach Coney Island, um Hasen zu schießen, oder auf die schwar-

zen Felsen von Manhattan. Sein Leben. Er wundert sich, wenn sie ihn grüßen, als wäre nichts geschehen. Alle andern, sein braves Weib und die Nachbarn, die Kunden, die Kumpane, die über sein berühmtes Märchen lachen, glauben es, daß das sein Leben ist –

Rip van Winkle ist sozusagen ‚gesellschaftsfähig‘ geworden, wie Stiller mit seiner Keramikwerkstatt. Vierzig Jahre vor dieser Fassung hat Frisch in dem Text ‚Kleine Erinnerung‘ (1934) die Geschichte von einem Schulkameraden, welcher in einer Liebessache Courage bewies, in den Rahmen des Rip-van-Winkle-Märchens gestellt. In der Einleitung heißt es dort:

> Ein amerikanisches Märchen will mir nicht aus dem Sinn. Als Rip van Winkle seinen langen Zaubertraum geschlafen hatte und heimkehrte, kannte ihn keiner mehr; anders hießen die Leute, und er war nimmer zu Hause in ihrer Wirklichkeit. –
> Oder ist es nicht, daß wir alle dieses Märchen vom Zaubertraum, vom Erwachen und Heimatlossein erführen?

Das Erwachen besteht für den Erzähler darin, daß er den Helden der Geschichte als etablierten Lehrer wiedertrifft, der nichts mehr von seiner damaligen Leidenschaft wissen will:

> Dann komme ich mir immer, wie gesagt, so zurückgeblieben vor, wie Rip van Winkle.

Das Märchen ist also zeitlebens für Frisch das Modell für die Spannung zwischen gesellschaftlicher Normalität und der ‚Heimatlosigkeit‘ dessen gewesen, der Erfahrungen gemacht hat, die ihn aus dieser Normalität herausführten.

13. Interpretationsansätze

Es gibt nur Schwerpunktinterpretationen

Die verschiedenen Interpreten, die sich mit dem Roman ‚Stiller' beschäftigt haben, setzten in dem reichen Themen- und Motivkomplex oder in der vielschichtigen Form des Werkes jeweils bestimmte Schwerpunkte. Inhaltlich ist dieses „Kompendium des modernen Lebens überhaupt", wie der Roman von einem Interpreten genannt wurde, kaum mit einer Gesamtinterpretation zu erfassen. Doch auch bei der Analyse der poetischen Struktur (Erzähltechnik, Zeit-, Raum- und Motivstruktur, Gattung, Sprache und Stil, Handlung und Handlungsträger) konzentrieren sich die Interpreten meist auf bestimmte Aspekte. Die wichtigsten und am häufigsten behandelten Schwerpunkte der vorliegenden Interpretationen des Stiller-Romans sollen hier kurz aufgelistet werden:

Poetische Struktur

1. Bei der Untersuchung der poetischen Struktur wurde zuerst anhand sämtlicher im Text auffindbarer Datenangaben der zeitliche Verlauf der verschiedenen Handlungsstränge in Beziehung zueinander gesetzt. Auf dieser Folie wurde anschließend ermittelt, auf welche Weise die Zeitebenen und Erzählerinstanzen kunstvoll miteinander verschlungen sind und wie dadurch Handlungen und Ereignisse als Bewußtseinsinhalte und innere Vorgänge der Figuren zur Darstellung kommen (Braun 1959: Mat. I, S. 135 ff.).

Identitäts-, Bildnis- und Rollenproblematik

2. Wenn man danach fragt, wer in diesem Roman jeweils mit wem spricht, worüber sie sprechen und warum sie das tun, kommt man auf die Thematik des Romans, vor allem auf die aus dem ‚Tagebuch 1946–1949' bekannte Bildnisproblematik, bei der das Bildnis, das sich die Figuren voneinander machen, von dem Bildnis, das sie sich von sich selbst machen, zu unterscheiden ist, oder – in der Sprache der Wissenschaften vom Menschen – die Rolle von der Identität. Bei manchen Interpreten findet sich der Einwand

gegen Frischs ‚Bildnistheorie', daß die Forderung, „mit sich selbst identisch zu werden" (S. 66) und sich kein Bildnis zu machen, einander ausschließen. Denn „die Identitätskrise bietet die ideale Möglichkeit zur Flucht vor sich selbst" (Materialien II, S. 656), wie Rolf im Gespräch über den Widerstreit zwischen Gefühl und Intellekt (symbolisiert in dem „Paket mit fleischfarbenem Stoff": S. 321) feststellt. Sie lädt gerade dazu ein, „sich in etwas anderes umzudichten", wie es im Kierkegaard-Motto auf der ersten Seite der ‚Aufzeichnungen' heißt.

3. Hier setzen diejenigen Interpreten an, welche „Leben und Literatur im Zeitalter der Reproduktion" für das Hauptthema des Romans halten (H. Mayer: Materialien I, S. 243) und von Stillers Identitätssuche sagen, sein „wahres Ich" sitze „in literarischer Haft gefangen" (W. Schmitz: Materialien I, S. 12), d. h. er sei von so vielen literarisch gestalteten Lebensmustern umgeben, daß er gar keine freie Wahl habe. Mit dieser Interpretation wird meist der Aspekt verknüpft, daß die durchgängige Gegenüberstellung der in den drei Bücherlisten (S. 186, 254 u. 359 f.) angesprochenen Literatur mit der herrschenden Realität nicht nur die Identitätssuche des Bildhauers Stiller, sondern auch das Problem des Schriftstellers Max Frisch betreffe. Eine Antwort unter anderen darauf ist die Form des Romans, in der die Rolle des allwissenden Erzählers dem Leser zugeschoben wird.

Schriftstellerprobleme im Medienzeitalter

4. Zu den vorgeprägten Denkmustern für die Frage der Identität des Individuums gehört auch die existentialistische Philosophie, auf die im Roman in Form des Kierkegaard-Mottos und eines Zitats auf S. 394 angespielt wird. Das hat einige Interpreten veranlaßt, sowohl die drei Lebensformen, von denen in Kierkegaards Buch ‚Entweder-Oder' die Rede ist, die ästhetische, ethische und religiöse Stufe, wie auch die Voraussetzungen für die Selbstwahl, Resignation, Verzweiflung, Wiederholung, Wahl und Sprung in die Freiheit als „Sprung in den Glauben", im

Die Kierkegaard-Kontroverse

Stiller-Roman wiederzufinden und Stillers Entwicklung im Sinne des Kierkegaard-Mottos zu deuten. Im Gegensatz dazu bemerkt Hans Mayer im Roman geradezu eine ‚Kierkegaard-Widerlegung'. Im Motto sei davon die Rede, daß die Selbstwahl den Menschen zwar zur vollen Individualität führe, aber auch von allen anderen Individuen isoliere. Dazu trete die Kontinuität, denn sein früheres Dasein gehe in die Entscheidung ein. Es sei vorbei mit „aller Lebenslüge und allen Umtauschmöglichkeiten". Darin bestehe die „Seligkeit", von der das Motto spricht. Stillers Schicksal beweise nun, daß dies alles im ‚Zeitalter der Reproduktion' nicht mehr möglich sei, daß der Versuch, die Nachfolge Kierkegaards anzutreten, dazu geführt habe, daß Stiller zum Rip van Winkle wurde, „der das Leben verschlief". An die Stelle des freien Individuums des bürgerlichen Zeitalters sei der außengelenkte Mensch des Medienzeitalters getreten. Das Kierkegaard-Motto sei ironisch gemeint (Materialien I, S. 250).

Abschied vom traditionellen Persönlichkeitsideal

5. Mit der Frage nach dem Sinn des Bezugs auf Kierkegaard hängt die Frage nach dem Menschenbild zusammen, das der Autor in seiner Hauptfigur gestaltet hat. Da wird zunächst festgestellt, daß Stiller im Vergleich mit dem traditionellen Künstler- oder Entwicklungsroman geradezu ein ‚Anti-Held' sei:

> Ihn bedrängen keine Visionen von neuen Werten und Taten, er ist auf dem Krankenbett in New York nicht zur Besinnung gekommen, das Abendland kann von ihm keine Ratschläge erwarten. (Materialien I, S. 173)

Wenn Stiller den Versuch aufgibt, ein Held zu werden, und sich dazu bekennt, ein Versager zu sein, bezeugt er damit dem überlieferten Persönlichkeitsideal „seine Mißachtung und Gleichgültigkeit". Positiv gewendet: Das im Stiller-Roman verkündete Menschenbild enthalte die Mahnung: „Nicht mehr wollen, als was sich mit den vorhandenen Mitteln bewältigen läßt!" (vgl. Rolfs Bemerkung, die meisten Menschen gingen

an „Selbstüberforderung" zugrunde: S. 321).
Andere Interpreten heben hervor, daß in der Figur des „Versagers" Anatol Stiller eine „redu-
zierte Menschlichkeit" vorgeführt werde, ein
Mensch, dessen „ganzes vergangenes Leben ...
immer ein Sich-Treiben- und Sich-Gehen-Las-
sen ohne Entwicklung gewesen" sei (Werner
Kohlschmidt: Materialien I, S. 186 f.).

6. Unter dem Interpretationsgesichtspunkt der
Psychoanalyse wird Stillers Identitätsproblem
„als ein psychopathologisches Problem", d. h. als
„krankhaft" angesehen. Doch interessiert man
sich dafür, weil es eine „Grenzsituation der Existenz" darstellt, und versucht, diese psychoana-
lytisch zu erklären. So erscheint Stillers Verhältnis zu Julika als ‚Projektion' seiner Selbstvor-
würfe nach außen. Das Wunsch-Ich Mr. White
wird als ‚Kompensation' des Minderwertigkeits-
komplexes (S. 268: „Ich bin kein Mann") interpretiert:

,Stiller' als
Krankengeschichte

> White ist also auf der ganzen Linie das omnipoten-
> te Männlichkeitsideal, das auffallend stark an je-
> nes der Reklame erinnert: ein Hauch von Abenteu-
> er und Freiheit umgibt ihn, wie jene harten Män-
> ner in der Alkohol- und Tabakwerbung... (Mate-
> rialien II, S. 598)

Daher der Ruf nach Whisky und Zigarren! Hier
hängt der psychologische Ansatz mit dem Thema
‚Zeitalter der Reproduktion' zusammen. Stiller
wählt sich ein Ich-Ideal, das zu sehr mit seinen
Minderwertigkeitskomplexen kontrastiert und
zur Selbstüberforderung führt. Natürlich interessiert sich diese Richtung auch besonders für
die Höhlengeschichte (S. 156–172), die als Symbol für das „innerliche Abtöten" des schwäche-
ren Ich-Teils interpretiert wird. In diesem Zusammenhang erscheint die ‚Selbstentfremdung'
als Verdrängungsmechanismus, der das alte Ich
abwehrt:

> Doch immer wieder ... genügt ein Wort, eine Mie-
> ne, die mich erschreckt, eine Landschaft, die mich
> erinnert, und alles in mir ist Flucht, Flucht ohne

Hoffnung, irgendwohin zu kommen, lediglich aus Angst vor Wiederholung ... (S. 69)

Was unter dem Aspekt des ‚Zeitalters der Reproduktion' die Angst vor der Wiederholung eines Klischees bedeutet, wird unter diesem Gesichtspunkt zur Angst vor dem alten Ich.

Abschied vom patriarchalischen Männerbild

7. Untersucht man den Roman unter der Fragestellung, wie in ihm die Beziehungen zwischen den Geschlechtern dargestellt und problematisiert sind, so ergibt sich, daß er das Patriarchat in Frage stellt und neue Positionen andeutet. Stillers zerrissene Männlichkeit („gab er Töne von sich wie ein Pascha": S. 296 – aber: „ein feminines Talent zur Anpassung": S. 400), Rolfs Erfahrung, daß er unfähig sei, „eine Frau zu lieben, wenn er nicht ihr Götze war" (S. 211), Sibylles Schlüsselerlebnis im Zirkus („eine selbständige Frau": S. 287) und ihre Überlegung: „Beide zusammen in einer Person, das wäre es gewesen!" (S. 284) sowie Julikas positive Einschätzung von Stillers femininer Veranlagung („Sie wußte, ...daß Stiller sie in keiner Weise vergewaltigen würde, dazu fehlte ihm irgend etwas, und das gefiel ihr ganz besonders an ihm": S. 88), all solche Details weisen darauf hin, daß in Frischs Roman der moderne Mann seine traditionelle Rolle schon verspielt hat, daß sich in ihm ein „kulturell fundamentaler Wandlungsprozeß – ein insgeheimer Paradigmenwechsel von patriarchalen zu matriarchalen Welt- und Wertvorstellungen" abzeichnet (Lubich, a.O. S. 23).

14. Wort- und Sacherklärungen

S. 14 Vera Cruz: Hafenstadt an der Ostküste Mexikos
S. 17 Fremdenlegion: Französische Kolonialtruppe, die sich aus Ausländern rekrutiert
S. 18 Minestra: Gemüsesuppe mit Reis und Parmesan
S. 26 Chihuahua: Teilstaat im nördlichen Mexiko
S. 28 Arkadien: Klassische Ideallandschaft in der europäischen Kunst
S. 30 Tortilla: Fladenbrot aus Maismehl
       Zopilot: Aasgeier
S. 36 Eversharp: Schreibstift
S. 38 Benito Juarez: B. J. Garcia (1806–1872), Präsident von Mexiko, schaffte die Monarchie ab und machte sein Land unabhängig
       Porfirio Diaz: (1830–1915), General und Nachfolger von Benito Juarez, förderte die wirtschaftliche Entwicklung seines Landes
S. 44 Niobe: Thebanische Königstochter, die für ihren Hochmut von den Göttern mit dem Tod ihrer Kinder bestraft wurde und aus Gram zu Stein erstarrte
       Penelope: Frau des Odysseus, die zwanzig Jahre auf die Rückkehr ihres Mannes aus dem trojanischen Krieg gewartet hatte
S. 50 Rio Grande: Fluß, der die Grenze zwischen Texas und Mexiko bildet
S. 55 Pontresina: Kurort im Kanton Graubünden (Oberengadin)
S. 56 Tailleur: eng anliegendes Kleid
       Vendôme: Platz (la Place Vendôme) in Paris, Einkaufsviertel
S. 59 Minotaurus: Stiermensch in der griechischen Sage
S. 63 Stigma: griech. = Wundmal (Christi)
S. 70 Sven Hedin: Schwedischer Asienforscher (1865–1952), dessen Reisebücher eine beliebte Jugendlektüre waren
S. 78 ‚cachet': franz. = Briefsiegel, Stempel, Prägung
S. 79 Furtwängler: Wilhelm F. (1886–1954), berühmter deutscher Dirigent
       Jean-Louis Barrault: (geb. 1910–1994), französischer Theater- und Filmschauspieler
S. 86 ephebenhaft: knabenhaft (Ephebe: griech. = Jüngling)
S. 97 Ravel-Valse: Orchesterwerk ‚La Valse' (1920) von Maurice Ravel

De-Falla-Dreispitz: Oper ‚Der Dreispitz' (1919) von Manuel de Falla

S. 100 Rimsky-Korsakow: Nikolaj R.-K. (1844–1908), russischer Komponist

Strawinsky: Igor S. (1882–1971), Schüler von R.-K., schrieb viele Ballettmusiken

S. 102 Bacchantin: Tanzende Frau im Festzug des griechischen Gottes Dionysos

Ascona: Schweizerischer Badeort am Lago Maggiore

S. 103 Coiffeur: franz. = Friseur

S. 104 GI-Mantel: Amerikanischer Soldatenmantel (G. I. = Government Issue)

S. 108 Kainsmal: AT Genesis 4,15 „Und der Herr machte ein Zeichen an Kain, daß ihn niemand erschlüge, der ihn fände".

S. 113 Runse: Rinne, Bachbett

S. 114 Plato, Tod des Sokrates: Gemeint sind die ‚Apologie' (Verteidigungsrede) und der ‚Phaidon' (Sterbedialog des Sokrates) von Platon (427–347 v. Chr.)

S. 116 Hegel: Georg Wilhelm Friedrich H. (1770–1831), der philosophische Lehrer von Karl Marx (1818–1883)

Säkularisierung: lat. = Verweltlichung (Einziehung des Kirchenbesitzes und Auflösung religiöser Bindungen)

Transzendenz: lat. = Überschreitung, d. h. das im Denken beim Überschreiten der wahrnehmbaren Wirklichkeit erfaßte übersinnliche Sein

S. 124 Mortimer: Verehrer von Maria Stuart in Schillers Drama (1800)

Clavigo: Titelfigur in Goethes Trauerspiel (1774); C. wird in seiner Liebe zu Marie hin und her gerissen

S. 126 Degas: Edgar D. (1834–1917), franz. Maler des Impressionismus, malte oft Tänzerinnen in Bewegung

S. 131 Orest und Elektra: Geschwisterpaar der griechischen Sage, Kinder von Agamemnon und Klytämnestra

S. 133 Thomas von Aquin: (ca. 1225–1274), Dominikanermönch, bedeutendster Vertreter der scholastischen Philosophie

Einstein: Albert E. (1879–1955), Physiker, Schöpfer der Relativitätstheorie

Bernanos: Georges B. (1888–1948), franz. Schriftsteller, religiöse Romane

S. 136 Ernst Jünger: (geb. 1895), deutscher Schriftsteller, sein Roman ‚Auf den Marmorklippen' erschien 1939

S. 139 kombattante Geste: Gebärde eines Mitkämpfers

Alcazar: span.-arab. = Burg, Festung

S. 140 Kommissär: politischer Kommissar, wie ihn die Internationalen Brigaden aus der russischen Militärorganisation übernommen hatten

S. 159 Notre-Dame: Der Gottesmutter geweihte Kathedrale in Paris (begonnen 1163)

S. 161 Labyrinth: Irrgarten, Behausung des Minotaurus auf Kreta, der von Theseus getötet wurde, dem die Königstochter Ariadne einen Faden mitgab, damit er wieder herausfinden konnte

S. 164 Hades: Die Unterwelt der griechischen Sage, aus welcher der Sänger Orpheus seine Frau Eurydike heraufholte, um sie jedoch gleich wieder zu verlieren

S. 165 Phallus: griech. = männliches Glied

S. 180 Jean Jacques Rousseau: (1712–1778), franz.-schweizerischer Schriftsteller, der die These vertrat, der Mensch müsse zur Natur zurückkehren, denn die Kultur habe ihn nicht besser, sondern schlechter gemacht

S. 186 C. G. Jung: Carl Gustav J. (1875–1961), schweizerischer Nervenarzt und Psychoanalytiker, nahm neben dem individuellen ein kollektives Unbewußtes an, in dem vererbte Urbilder von menschlichen Vorstellungsmustern (‚Archetypen') enthalten sind, die symbolisch z. B. im Traum auftreten (Über die Archetypen des kollektiven Unbewußten, 1935).
Marcel Proust: (1871–1922), franz. Romanschriftsteller: A la recherche du temps perdu (Auf der Suche nach der verlorenen Zeit), 1913–1927
Ernest Hemingway: (1899–1961), amerikan. Journalist und Schriftsteller: For Whom the Bell Tolls (Wem die Stunde schlägt), 1940
Ernst Jünger (s. o. zu S. 136): Strahlungen (Pariser Tagebuch), 1949
Mark Twain, eigentl. Samuel Clemens (1835–1910), amerik. Journalist und Schriftsteller: A Tramp Abroad (Bummel durch Europa), 1880
Graham Greene (geb. 1904), engl. Schriftsteller: The Power and the Glory (Die Kraft und die Herrlichkeit), 1940
Kafka, Franz K. (1883–1924), deutschsprachiger Schriftsteller aus Prag: Der Prozeß (darin vor allem ‚Vor dem Gesetz' 1915), 1925
Georges Bernanos (1888–1948), franz. Romanschriftsteller: Journal d'un curé de campagne (Tagebuch eines Landpfarrers), 1936
Heidegger, Martin H. (1899–1976), deutscher Philosoph des Existentialismus: Sein und Zeit, 1927

S. 187   Eliot, Thomas Stearns E. (1888–1965), englischer Schriftsteller amerikanischer Herkunft: The Cocktail Party, Komödie, 1949

terra incognita: lat. = unbekanntes, unerforschtes Land

S. 188   Michelangelo-Sklave: Der Bildhauer, Maler und Architekt Michelangelo Buonarotti (1475–1564) arbeitete für das Grabmal des Papstes Julius II. Sklavenfiguren aus Marmor, von denen zwei im Louvre (Paris) und vier in dem Akademiemuseum (Florenz) stehen

S. 200   Anna Karenina: Romanfigur von Leo Tolstoi

Effi Briest: Romanfigur von Theodor Fontane

S. 204   Denker von Rodin: Bronzeplastik (1880) des franz. Bildhauers Auguste Rodin (1840–1917)

S. 206   Mia casa, attenda qui, vengo subito: Mein Haus, warten Sie hier, ich komme gleich zurück.

S. 209   Tartüfferie: Scheinheiligkeit (nach der Komödie ‚Tartuffe‘ von Jean-Baptiste Molière, um 1622–1673)

S. 211   posta restanta: postlagernder Brief

S. 248   Reduit: franz. = Verteidigungsanlage, Zuflucht

S. 254   Gide: Andre Gide (1869–1951), franz. Schriftsteller

S. 255   Toulouse-Lautrec: Henri de T.-L. (1864–1901), franz. Maler und Graphiker

S. 265   Casals: Pablo C. (1876–1973), spanischer Cellist, lebte während der Franco-Zeit im französischen Exil

Picasso: Pablo P. (1881–1973), spanischer Maler und Bildhauer, lebte seit 1903 in Frankreich

S. 305   Jouvet: Louis J. (1887–1951), franz. Schauspieler und Regisseur, arbeitete mit Dramendichtern zusammen

‚Ecole des femmes‘: franz. = Schule der Frauen, Komödie von Molière (1662)

S. 315   Walpurgisnacht: Nacht vor dem 1. Mai, in der die Hexen auf dem Brocken (Harz) tanzen sollen (wie Goethe im ‚Faust‘ [3835–4222] es schildert)

S. 316   Gesang der Sirenen: Betörende Frauen lenken durch ihren Gesang die Schiffe vom Kurs ab. Odysseus wird vor ihnen gewarnt (Homer, Odyssee XII 40 ff.: „Wer diesen Sirenen unberaten sich nähert und anhört, was sie ihm singen, der kehrt nimmer nach Hause…") und verstopft sich die Ohren

S. 319   Sisyphos-Arbeit: Nach der griechischen Sage mußte Sisyphos zur Strafe ständig einen riesigen Stein auf einen Berg wälzen, von dem er jedoch kurz vor dem Ziel wieder zu Tal rollte.

S. 322   Den ich lieb', der Unmögliches begehrt: Goethe, Faust II 7488 (Klassische Walpurgisnacht): Faust ist auf der Suche nach

Helena und bittet Manto, die Tochter des thebanischen Se-
hers Teiresias (vgl. Sophokles, Antigone und Ödipus!), ihm
den Weg in die Unterwelt zu öffnen. Manto antwortet sogleich mit diesem Vers, von dem man gesagt hat, er könne als
Motto über die ganze Faust-Dichtung gesetzt werden. An dieser Stelle des Gesprächs zwischen Rolf und Stiller setzen diejenigen an, welche Frischs ‚Stiller' mit Goethes ‚Faust' vergleichen, weil beide durch das Mißverhältnis von Wollen und
Vollbringen-können gekennzeichnet sind.

ominös: lat. = mit schlimmer Vorbedeutung

S. 324 conditio sine qua non: lat. = unerläßliche Bedingung

S. 338 Greyhound: amerikanischer Überlandbus

Mormonen: Christliche Sekte, gründete den Staat Utah (Salt
Lake City)

S. 343 Place de la Concorde: Platz im Zentrum von Paris, beliebtes
Postkartenmotiv

S. 356 Spenglerei: Klempnerwerkstatt

S. 358 grand lit: franz. Doppelbett

Philipp-Bett im Escorial: Bett von König Philipp II. im Kloster San Lorenzo del Escorial nordwestlich von Madrid, eine
Touristenattraktion

S. 359 Hamsun: Knut Hamsun (1859–1952), norwegischer Dichter

Gorki: Maxim Gorki (1868–1936), russischer Dichter

Graf Keyserling, Eduard (1855–1918), impressionistischer
Erzähler des Jugendstils

Mein Kampf: Buch von Adolf Hitler (1889–1945)

Westöstlicher Diwan, Faust: Werke von Goethe (1749–1832)

Gespräche mit Eckermann: Gespräche mit Goethe in den
letzten Jahren seines Lebens von Johann Peter Eckermann
(1836)

Don Quixote de la Mancha: Roman von Miguel de Cervantes
Saavedra (1547–1616), episches Hauptwerk des ‚Goldenen
Zeitalters' der spanischen Literatur

Ilias: Das ältere Heldenepos des griechischen Dichters Homer
(8. Jh. v. Chr.)

Göttliche Komödie: Lehrgedicht von Dante Alighieri (1265–
1321) über eine poetische Jenseitswanderung, mit dem die
italienische Literatur beginnt

Erich Kästner: (1899–1974), deutscher Schriftsteller und
Drehbuchautor; seine Bücher wurden 1933 verboten

Mozart auf der Reise nach Prag: Künstlernovelle von Eduard
Mörike (1804–1875)

Till Eulenspiegel: Volksbuch um 1510, Sammlung von münd-
lich umlaufenden Schwänken

Recherche: Gemeint ist Prousts Hauptwerk ,A la recherche du temps perdu' (Auf der Suche nach der verlorenen Zeit), ein Romanzyklus in sieben Teilen (1913–1927)

Huttens letzte Tage: Verserzählung von Conrad Ferdinand Meyer (1825–1898)

Schwarze Spinne: ,Die s. S.', Erzählung von Jeremias Gotthelf (1797–1854)

Arp: Hans Arp (1886–1966), Mitbegründer des Dadaismus im Züricher ,Cabaret Voltaire' 1916

Traumspiel: Der schwedische Dichter August Strindberg (1849–1912) hat in mehreren Dramen die unzusammenhängende, aber scheinbar logische Form des Traums nachgeahmt

früher Hesse: Von Hermann Hesse (1877–1962) können die beiden Entwicklungsromane mit dem Thema des Scheiterns ,Peter Camenzind' (1904) und ,Unterm Rad' (1906) gemeint sein

Tschechow: Anton T. (1860–1904), russischer Erzähler und Dramendichter

Pirandello: Luigi P. (1867–1936), italienischer Dramatiker und Novellist mit dem Thema der Auflösung der Persönlichkeit

Lawrence: David Herbert L. (1885–1930), The Woman Who Rode Away (1925), eine Novelle, in der eine weiße Frau der Faszination der indianischen Religion in Mexiko erliegt

Albin Zollinger: (1895–1941), Lyriker und Erzähler aus Zürich, schrieb vor allem Künstlerromane

Garcia Lorca: Federico G. L. (1899–1936), aus Andalusien, schrieb Gedichte und Dramen, wurde von der Falange hingerichtet

Claudel: Paul C. (1868–1955), katholischer franz. Dichter

Das Kapital: Politökonomisches Hauptwerk von Karl Marx (1818–1883) in drei Bänden

Lichtenberg: Georg Christoph L. (1742–1799), Physikprofessor in Göttingen, Aphoristiker

Tagore: Rabindranath T. (1861–1941), indischer Dichter, Philosoph, Maler, Zeichner; seine Schriften waren im europäischen Bildungsbürgertum weit verbreitet

Ringelnatz: Joachim R. (eig. Hans Bötticher) (1883–1934), Kabarett-Lyriker in Berlin

Trakl: Georg T. (1887–1914), expressionistischer Lyriker

Das Kommunistische Manifest: Programmschrift des Bundes der Kommunisten von Karl Marx und Friedrich Engels 1848, umreißt die Grundlehren des Marxismus

Gandhi: Mahatma G. (1869–1948), Führer der indischen Unabhängigkeitsbewegung, Vertreter des gewaltlosen Widerstands (Non-Cooperation)

S. 371 Das Ewig-Weibliche zieht hinan: Vgl. Goethe, Faust II 12110 f.

S. 372 Schall und Rauch: Vgl. Goethe, Faust I 3457 „Name ist Schall und Rauch"

S. 373 Was du (ererbt) von deinen Vätern hast, erwirb es, um es zu besitzen: Vgl. Goethe, Faust I 682/3

S. 382 Appellation: Berufung

S. 388 Territet: Territet-Glion, Kurort am Genfer See

S. 390 une ferme vaudoise: franz. = ein ländliches Anwesen im Waadtland (Hauptstadt Lausanne)

S. 391 Passepartout: Wechselbilderrahmen

S. 392 Dents du Midi: franz. = ‚Zähne des Mittags', Bergspitzen im Süden
Schloß Chillon: Wasserschloß auf einer Felseninsel im Genfer See bei Montreux, in Reiseführern oft abgebildet

S. 393 retour à la nature: franz. = Zurück zur Natur! Kurzformel für Rousseaus Kulturkritik (vgl. die Erklärung zu S. 180)
vieux sentier: franz. = alter Fußsteig
Ramuz: Charles R. (1878–1947), schweizerischer Autor von Romanen in französischer Sprache, in denen das Leben der Waadtländer Bauern dargestellt wird

S. 396 Funiculaires: franz. = Drahtseilbahnen
eine Aphrodite oder Artemis: Göttin der Liebe und Göttin der Jagd in der griechischen Sage

S. 397 Mon Repos: franz. = Mein Erholungsort

S. 416 Caux: Tagungsort der Bewegung für ‚Moralische Aufrüstung' (Moral Rearmament), die 1938 von dem amerikanischen lutherischen Theologen Frank Nathan Daniel Buchman (1878–1961) gegründet worden war und eine soziale und politische Erneuerung im Geist des Christentums zum Ziel hatte

15. Weiterführende Literatur

Primärtexte

Max Frisch: Stiller. Roman, suhrkamp taschenbuch 2180, Frankfurt am Main 1992

Max Frisch: Homo faber. Ein Bericht, suhrkamp taschenbuch 354, Frankfurt am Main 1957

Max Frisch: Tagebuch 1946–1949, Bibliothek Suhrkamp 261, Frankfurt am Main 1970

Max Frisch: Gesammelte Werke in zeitlicher Folge, Jubiläumsausgabe in sieben Bänden 1931–1985 in den Suhrkamptaschenbüchern 1401–1407, hg. v. Hans Mayer unter Mitwirkung von Walter Schmitz, Frankfurt am Main 1986

Sören Kierkegaard: Entweder-Oder. Unter Mitwirkung von Niels Thulstrup und der Kopenhagener Kierkegaard-Gesellschaft, hg. v. Hermann Diem und Walter Rest, dtv 6043, München: Deutscher Taschenbuch Verlag 1975

Sekundärliteratur

Thomas Beckermann (Hg.): Über Max Frisch, edition suhrkamp 404, Frankfurt am Main 1971

Peter Boerner: Tagebuch, Sammlung Metzler 85, Stuttgart 1969

Volker Hage: Max Frisch, Rowohlts Monographien 321, Reinbek bei Hamburg 1983

Frederik A. Lubich: Max Frisch. ‚Stiller‘, ‚Homo faber‘ und ‚Mein Name sei Gantenbein‘, UTB 1564, München: Fink 1990

Hans Jürg Lüthi: Max Frisch. ‚Du sollst dir kein Bildnis machen‘, UTB 1085, München: Francke 1981

Jürgen H. Petersen: Max Frisch, Sammlung Metzler 173, 2. Aufl. Stuttgart 1989

Therese Poser: Max Frisch. Stiller, Oldenbourg Interpretationen 14, München 1988

Walter Schmitz (Hg.): Über Max Frisch II, edition suhrkamp 852, Frankfurt am Main 1976

Walter Schmitz: Max Frisch. Homo faber, Materialien, Kommentar, Reihe Hanser Literatur-Kommentare 214, München 1977

Walter Schmitz (Hg.): Materialien zu Max Frisch ‚Stiller‘, 2 Bände, suhrkamp taschenbuch 419, Frankfurt am Main 1978

Walter Schmitz (Hg.): Frischs ‚Homo faber‘, suhrkamp taschenbuch materialien 2028, Frankfurt am Main 1983

Horst Steinmetz: Max Frisch: Tagebuch, Drama, Roman, Kleine Vandenhoeck Reihe 379, Göttingen 1973